Reading & Interpretation
大家写小书·马恩经典著作新读

丛书主编 董振华

把握经济世界的方式

《〈政治经济学批判〉导言》新读

韩喜平 著

红旗出版社

图书在版编目(CIP)数据

把握经济世界的方式 ：《〈政治经济学批判〉导言》新读 / 韩喜平著. —北京 ：红旗出版社，2022.4
（大家写小书 / 董振华主编. 马恩经典著作新读）
ISBN 978-7-5051-4827-7

Ⅰ.①把… Ⅱ.①韩… Ⅲ.①马克思主义政治经济学－研究 Ⅳ.①F0-0

中国版本图书馆CIP数据核字(2021)第234503号

书　　名　把握经济世界的方式
　　　　　《〈政治经济学批判〉导言》新读
著　　者　韩喜平

责任编辑	丁　鋆	丛书统筹	丁　鋆
文字编辑	汪佳梅	责任印务	金　硕
责任校对	沈云才　吕丹妮	装帧设计	戴　影
出版发行	红旗出版社		
地　　址	北京市沙滩北街2号	邮政编码	100727
	杭州市体育场路178号	邮政编码	310039
编 辑 部	0571-85310806		
E - mail	rucdj@163.com	发 行 部	0571-85311330
图文排版	杭州兴邦电子印务有限公司		
印　　刷	杭州广育多莉印刷有限公司		
开　　本	889毫米×1194毫米	1/32	
字　　数	69千字	印　　张	3.125
版　　次	2022年4月第1版	印　　次	2022年4月第1次印刷
ISBN 978-7-5051-4827-7		定　　价	20.00元

把读马克思主义经典当作生活习惯

（丛书序）

习近平总书记在纪念马克思诞辰200周年大会上的讲话中强调："共产党人要把读马克思主义经典、悟马克思主义原理当作一种生活习惯、当作一种精神追求，用经典涵养正气、淬炼思想、升华境界、指导实践。"阅读马克思主义经典著作对于广大党员干部树立正确的世界观、人生观和价值观，从而以科学的世界观和方法论分析问题、解决问题和推动工作，具有重大的意义。

一、通过阅读马克思主义经典，感悟马克思主义经典作家的崇高价值追求，不断升华思想境界

人的自然生命总是有限的，作为自然的人，历史上的伟人不可能再对我们耳提面命，但是，他们的灵魂不朽，作为我们的精神导师，他们可以穿越时空对我们谆谆教诲。我们和伟人对话的方式，就是阅读他们撰写的经典，去感悟经典中所承载的不朽灵魂和伟大人格。马克思主义经典作家虽然已经远去，但是他们的精神和思想是不朽的，通过他们所创造的事业而生生不息，通过他们的经典著作而天长地久。正如《道德经》所言："不失其所者久，死而不亡者寿。"我们通过反复阅读马克思主义经典作家留下的经典著作，和他们心灵共鸣、灵魂

共振，接受马克思主义智慧和道义的滋养，不断升华思想境界，走向崇高，活出生命的意义和价值。

马克思主义经典作家作为人类解放的“盗火者”，为了给人类带来光明，历尽千辛万苦，仍然不屈不挠，奋斗不息，成就了伟大的人生。马克思在参加中学毕业考试的时候写下的作文《青年在选择职业时的考虑》中指出：“如果我们选择了最能为人类而工作的职业，那么，重担就不能把我们压倒，因为这是为大家作出的牺牲；那时我们所享受的就不是可怜的、有限的、自私的乐趣，我们的幸福将属于千百万人，我们的事业将悄然无声地存在下去，但是它会永远发挥作用，而面对我们的骨灰，高尚的人们将洒下热泪。”[①]从马克思的这篇作文中，我们可以强烈地感受到他伟大的人格和崇高的价值追求，能够明白什么样的生命才是有意义和价值的，才能够坚定理想信念，升华精神境界。马克思的生命实践充分彰显了伟人的灵魂和精神价值，也成就了马克思光辉的人生，受到了人们的普遍敬仰和尊敬。

正如习近平总书记在纪念马克思诞辰200周年大会上的讲话中所指出的：“马克思的一生，是胸怀崇高理想、为人类解放不懈奋斗的一生。”“马克思一生饱尝颠沛流离的艰辛、贫病交加的煎熬，但他初心不改、矢志不渝，为人类解放的崇高理想而不懈奋斗，成就了伟大人生。”

---

①《马克思恩格斯全集》第1卷，人民出版社1995年版，第459—460页。

二、通过阅读马克思主义经典，学习马克思主义经典严谨的论证逻辑，掌握科学思想方法

一个理论如果缺乏严密的逻辑论证，要么是停留于空洞无物的无病呻吟，要么是停留于盲目自大的独断空论，这是苍白无力的，是不能够让人真服、真信的。我们通过阅读马克思主义经典，可以得出这样的深切感受：他们不是高高在上向人们颁布真理，而是通过铁的逻辑一步步严谨论证，最终的结论是自然而然在字里行间得出并呈现给读者，从而能够说服人、打动人、鼓舞人，让人们真懂、真信、真用，这是逻辑的力量！

我们阅读《共产党宣言》就能够强烈感受到这种逻辑的力量。马克思、恩格斯站在历史唯物主义的客观立场，对资本主义及其繁荣的景象进行了绘声绘色的描绘，对资本主义制度的历史贡献和历史合理性进行了充分肯定。在充分肯定的基础上，却得出了彻底否定的结论。这里所运用的逻辑就是辩证法。根据辩证法的逻辑，“辩证法在对现存事物的肯定的理解中同时包含对现存事物的否定的理解”，资本主义造就了如此巨大的生产力，极大地推动了历史的发展和社会的进步，但是，这也恰恰是资本主义必然要退出历史舞台的内在原因。因此，资本主义的合理性只是历史的合理性，也就是说，这只是有一定的前提和界限的合理性，只是在人类历史进程中的某一阶段具有合理性，超过了这个阶段必然丧失合理性。为此，《共产党宣言》指出：“资产阶级用来推翻封建制度的武器，

现在却对准资产阶级自己了。”[①]“资产阶级的关系已经太狭窄了,再容纳不了它本身所造成的财富了。”[②]因此,资本主义和资产阶级应该灭亡了,也必然会灭亡,“资产阶级的灭亡和无产阶级的胜利是同样不可避免的”[③]。资本主义必然灭亡,但是,这并不意味着它会自动灭亡,“共产党人不屑于隐瞒自己的观点和意图。他们公开宣布:他们的目的只有用暴力推翻全部现存的社会制度才能达到”[④]。

由此我们可以看到,无产阶级必须通过革命手段实现人类解放的根本价值追求,这一科学结论不正是在辩证法严密逻辑的基础上经过充分论证而得出来的吗?我们阅读马克思主义经典,就要学习这样的科学思想方法,在理论宣传和群众工作中力求做到言之有理、持之有故、以理服人,才能够让人们真信、真服,从而用科学的理论和崇高的价值说服人、凝聚人。

三、通过阅读马克思主义经典,体悟马克思主义经典蕴含的强烈问题意识,善于聆听时代声音

马克思主义经典作家撰写著作,并不是为了学术上的建树和理论上的兴趣,而是为了人类解放这一根本价值主题,针对时代问题而撰写的,因此,马克思主义经典著作蕴含着深刻的问题意识。我们阅读马克思主义经典著作,就必须深入到

---

①《共产党宣言》,人民出版社2018年版,第34页。
②《共产党宣言》,人民出版社2018年版,第33页。
③《共产党宣言》,人民出版社2018年版,第40页。
④《共产党宣言》,人民出版社2018年版,第65页。

这些著作撰写时的历史语境中，用强烈的问题意识把握这些经典著作所针对的时代问题，否则就容易陷入教条主义，至多成为一个只会夸夸其谈的“理论家”。

每个时代都有属于自己的时代问题，牢牢抓住这个时代问题，用强烈的问题意识准确地把握时代问题的本质，并找到解决时代问题的价值选择和理性方法，这是马克思主义经典作家在进行经典创作时的出发点。我们在阅读马克思主义经典的时候，应当通过回到当时的时代语境，进行视界融合，体悟当时人类现实生活的生存境遇、价值诉求等层面凸显出来的矛盾与问题，去学习马克思主义经典作家对这些时代问题进行深度研究、审视与批判所运用的逻辑和方法，映照当今的时代问题，从而得到启发和方向。

各级领导干部阅读马克思主义经典著作要在思想与时代问题的互动对话中完成，就必须把握时代脉搏，强化问题意识，正确审视当代社会发展中的问题与困境。马克思主义的基本原理为我们的实践活动提供了总的指导思想、根本原则和根本方法，但是，它没有提供解决问题的现成答案，必须由我们自己在坚持马克思主义立场、观点、方法的基础上，创造性地探索和解决这些问题。

毋庸置疑，广大党员干部对于阅读马克思主义经典的重要性基本形成了一种共识，但是面对纷繁复杂的社会环境、繁杂繁重的日常工作以及浩如烟海的经典著作，党员干部如何才能亲近经典、深入经典、融入经典呢？本着“学马列要精，要管用”的原则，丛书第一辑我们选定了10本经典著作，由红旗文稿杂志社顾保国社长主编，组织国内著名高校的权威专家进行精心解读，出版之后社会反响强烈，不断收到读者反馈，要求我们继续编撰出版相关著作；丛书还入选了国家新闻出版署组织实施的2020年“优秀通俗理论读物出版工程”。这既是对我们工作的肯定和鼓励，也是对我们的鞭策和激励，更是我们理论工作者义不容辞的责任和使命。正是基于这样的考虑，我们在第一辑的基础上，秉持同样的理念又选定了10本经典著作，组织权威专家进行解读，并由红旗出版社编辑出版“大家写小书·马恩经典著作新读”第二辑，希望为马克思主义大众化作一点力所能及的贡献，不辜负大家的期望和伟大的时代。必须实事求是地指出，马克思主义经典著作内容博大精深，而我们对其的学习和领悟只能是冰山一角、高山仰止。鉴于我们的学术水平和认知能力有限，肯定存在解读不准确甚至错误的地方，敬请各位读者不吝指正！

中共中央党校（国家行政学院）
哲学教研部副主任、教授　董振华

2021年10月

目　录

前　言

《〈政治经济学批判〉导言》(后文简称《导言》)是马克思1857年为计划中的经济学著作《政治经济学批判》写的“总的导言”,《导言》在马克思去世前未发表,1903年3月,卡尔·考茨基首次把它刊登在《新时代》杂志上。

尽管《导言》文字简短,但内涵丰富,它是马克思主义政治经济学的原生地和系统阐述研究方法的重要著作。《导言》是马克思在对资本主义经济危机的内在矛盾批判与对资产阶级政治经济学批判的过程中创立的。“应当首先出版的著作是对经济学范畴的批判,或者,也可以说是对资产阶级经济学体系的批判叙述。这既是对上述体系的叙述,又是在叙述过程中对它进行的批判。”[①]可以说,《〈政治经济学批判〉导言》是马克思对资本主义社会经济研究的“总的结果”。

《导言》对于政治经济学对象作了系统阐述,指出生产同其他独立领域的一般关系,经济关系总体及总体方法论,生产力、生产关系与交往关系,物质生产与艺术生产等一系列经济关系,研究了政治经济学研究对象是现实的个人,是社会生产关系及其发展规律,深刻分析生产和分配、消费、交换的总和关系,特别是阐释了总体方法在政治经济学研究对象确立中

①《马克思恩格斯文集》第10卷,人民出版社2009年版,第150页。

的产生和运用，从抽象上升到具体的方法及实质，范畴逻辑与历史发展进程的统一，经济范畴在特定社会形式中的适用，政治经济学结构的基本内涵以及同一经济范畴在不同社会形式中的地位。

《导言》的贡献既有革命性的理论，更有政治经济学方法论的变革；非常详细地阐述了政治经济学的对象和方法，深刻揭示了社会生产过程的内在联系和客观关系，被视作马克思主义政治经济学的奠基之作。今天中国特色社会主义进入新时代，建设中国特色社会主义政治经济学，最根本的是坚持马克思主义的立场、观点、方法，而认真学习《导言》会为我们提供众多的方法论启示，对于我们在新时代贯彻新发展理念，正确处理生产、分配、交换、消费的关系，推动经济从高速增长阶段转向高质量发展阶段，构建新发展格局具有重大的实践指导价值。

Reading & Interpretation
大家写小书·马恩经典著作新读

第一章
写作背景

19世纪40年代，资本主义经济快速发展，随之而来的生产过剩导致的经济危机周期性发生，无产阶级和资产阶级的矛盾日益尖锐，在这一背景下爆发了几次大规模的工人运动，但都以失败告终，无产阶级革命运动急需科学的理论指导。马克思运用辩证唯物主义和历史唯物主义的分析方法，批判了资产阶级政治经济学家形而上学的观点，第一次科学地阐述了政治经济学的研究对象和研究方法，实现了政治经济学的革命性变革，这是马克思《〈政治经济学批判〉导言》的基本构想。马克思从1843年开始研究政治经济学，到1857年撰写《导言》，再到《政治经济学批判》手稿的完成，展现了马克思主义政治经济学创立的整个过程，用马克思自己的话来说，“它是15年的即我一生中的黄金时代的研究成果”[①]。

1857年秋，马克思开始撰写为政治经济学著作而起草的一篇“总的导言”，这是马克思构建宏大政治经济学研究的开篇。这些手稿写在由马克思本人标明的“M”和“I”至“Ⅶ”的8个笔记本上。《导言》写在标号为“M”的笔记本上，在笔记本的前24页，时间大约在1857年8月下旬，在第二封页上注明了日期“伦敦，57年8月23日”。大约在8月底，导言的写作中断。马克思本来准备把《导言》作为《政治经济学批判》全书的导论，但在《政治经济学批判》第一分册出版时，将《导言》压下，另写《序言》来代替。因为《导言》中所阐述的是研究资本主义社会经济形态及其他社会形态的基本原理及方法，马克思认为，先谈这些带有结论性的原理和方法，不如通过对资本主义

① 《马克思恩格斯文集》第10卷，人民出版社2009年版，第167页。

生产关系的解剖来证明这些原理和方法更为妥当。对此，马克思说："我把已经起草的一篇总的导言压下了，因为仔细想来，我觉得预先说出正要证明的结论总是有妨害的，读者如果真想跟着我走，就要下定决心，从个别上升到一般。"①

马克思逝世后，其数量庞大的遗稿由恩格斯负责整理。恩格斯逝世后，马克思的遗稿经由奥古斯特·倍倍尔转交给德国社会民主档案馆，并没有得到应有的重视。《导言》的第一次出版是在德国，最先被卡尔·考茨基发现，并首次发表在1902—1903年《新时代》第21卷第1册上。考茨基根据自己的研究，给这部分手稿加了标题《〈政治经济学批判〉导言》。《导言》出版后，埃德加·米约立即将其翻译成法文并发表于当年的《社会主义评论》上。1904年，N.I.斯通将《政治经济学批判·第一分册》德文第二版翻译成英文，并将《导言》收录。1907年，《导言》作为《政治经济学批判》的一个附录出版后，随即获得广泛的关注，越来越多的译本随之而来。

在中国，1930年上海乐群书店出版的由刘曼翻译的《政治经济学批判》和1931年由上海神州国光社出版的由郭沫若翻译的《政治经济学批判》两个版本都将《导言》收入其中。当时的进步杂志《萌芽》，也在第1卷第1期刊载了《导言》。②从1962年开始，中国科学院经济研究所刘潇然教授根据1953年柏林狄茨出版社的德文版翻译《政治经济学批判（1857—1858年手稿）》，中译本由人民出版社分5册出版，内部发行。1979

①《马克思恩格斯选集》第2卷，人民出版社2012年版，第1页。

② 参见张钟朴：《中国》，［意］马塞罗·莫斯托主编：《马克思的〈大纲〉：〈政治经济学批判大纲〉150年》，闫月梅译，中国人民大学出版社2011年版，第266页。

年和1980年由中央编译局编译、人民出版社陆续出版的《马克思恩格斯全集》中文第1版的第46卷(上下册)也将其收录。从1986年起,中央编译局开始编译卷次更多的《马克思恩格斯全集》中文第2版,该版依据《马克思恩格斯全集》历史考证版第2部分第1卷第1、第2分册(1976,1981年)原文并参考了民主德国《马克思恩格斯全集》德文版第42卷,对第1版的中译文重新作了校对。2009年,由中央编译局编译的《马克思恩格斯文集》第8卷收录了马克思的《导言》。

一、资本主义经济危机日益显现

马克思研究政治经济学依据的就是19世纪50年代以英国为核心的资本主义世界,他认为,"19世纪的科学、世界市场和巨大的生产力注定会开创棉花的世纪"[①]。英国资本主义生产力的核心无可置疑地确立在棉纺工业,特别是集中在纺织部门。在这个由棉纺工业以及钢铁业、机械制造业构成的体系中,以工厂手工业形态经营的煤炭业向各个部门供应蒸汽机所需的能源,制铁业向机械工业供给加工用铁,机械工业生产纺织机以供给棉纺业。尽管英国的工业生产和贸易额在世界所占比率都比较低,但19世纪中叶的世界却配合英国形成了以纺织工厂高速运转的精纺机为中心的产业。这样,产业自身不再依靠商业资本和国家权力去打开市场,本身就具备开拓国内和国际市场的能力。商品经济渗透到国内和世界的各个角落,并把资本主义生产方式传播到世界各地。

①《马克思恩格斯全集》第7卷,人民出版社1959年版,第504页。

飞速发展的资本主义使马克思改变了在二月革命之前对资本主义的理解。马克思对19世纪40年代的经济学批判集中在《雇佣劳动与资本》中，提出了由商品论、货币论、转化论、剩余价值论以及积累论构成的经济学批判基本体系，并成为之后经济学批判的基础。进入50年代后，马克思意识到这个著作对资本主义活力的评价过低、过窄，资本主义的力量比预期的深厚得多。劳动生产率提高带来的多余资本转向其他部门，特别是向生产资料部门移动，用于生产具有更高生产力的机械，其成果又被消费部门吸收。由此，资本的产业结构不断向更多部门分化，并把这些部门纳入再生产的结构中来。这样的发展不仅把国内市场，而且把国外市场也卷入其中。

这一阶段，流亡到英国的马克思根据1837—1842年、1843—1847年的世界经济变化，提出了经济循环五年周期说。按照这一判断，他推断1848年之后的五年，即1852年应该再次有经济危机爆发。“新的革命只有在新的危机之后才有可能。但是新的革命的来临象新的危机的来临一样是不可避免的。”[①]可是预测失准。直到1857年秋，资本主义的发展进一步加深了无产阶级和资产阶级的矛盾，这一矛盾在经济上表现出来的总趋势是：生产力在不断扩大，而市场或购买力却在相对缩小，这种发展趋势导致了第一次世界性经济危机，席卷了大西洋两岸的美国和整个欧洲。这时，马克思将预判经济危机发生的周期由五年调整为十年，经济危机发生时将引起革命运动。正如1847年的危机引起了1848年的法国二月革

①《马克思恩格斯全集》第7卷，人民出版社1959年版，第514页。

命、德国的三月革命一样，他预测了经济危机会再次引起革命运动。那么，引起大危机的资本是什么？资本的历史使命究竟是什么？以上是马克思亟须解决的两个关键问题。正如1857年马克思写给恩格斯的信中说到的那样：“我现在发狂似地通宵总结我的经济学研究，为的是在洪水之前至少把一些基本问题搞清楚。”①

知识链接 ……………………………………………………

★ 1857年经济危机 ★

1857年经济危机在资本主义历史上是第一次具有世界性特点的普遍生产过剩危机。这次危机也是第一次在美国，而不是在英国开始的危机。由于英国对美国铁路建设进行了大量的投资，故美国铁路投资的破产对英国也造成了很大的震动。1847年经济危机结束后，从1850年开始的经济周期性高涨的最重要的特点是世界贸易急剧地扩大，19世纪50年代世界贸易的年平均增长额比前20年提高了2倍。机器工业的发展，运输业的革命，新兴国家和新兴部门卷入国际商品流通，以及加利福尼亚和澳大利亚金矿的发现都促进了世界市场的迅速扩大。随着危机的爆发，美国的银行、金融公司和工业企业大量倒闭。仅1857年一年，就有近5000家企业破产。粮食生产过剩，粮价和粮食出口下降，加上英国工业品的激烈竞争，促使了美国经济危机的加深。反过来，英国的经济发展也受到美国危机的打击。由英国提供资金的美国银行、铁路、商业公司纷纷破产，使英国投资者持有的有价证券急剧贬值。

① 《马克思恩格斯文集》第10卷，人民出版社2009年版，第140页。

二、古典政治经济学的系统批判

古典政治经济学产生于17世纪后半叶，完成于19世纪初，是资本主义制度确立和上升时期的经济理论。由于古典政治经济学家都是资产阶级经济学家，他们所提出的经济理论从根本上来说也是为了论证资本主义制度存在的合理性。古典政治经济学作为当时社会的新兴科学，对经济领域多进行实证分析，而不是形而上学的先验观念建构，开辟了对社会的理解的新的理论境界，为马克思历史唯物主义的创立创造了条件。亚当·斯密和大卫·李嘉图初步分析了资本主义生产关系的内部联系，描绘了这种联系无形产生的对抗性结果，为马克思批判资本主义生产关系，建立无产阶级政治经济学提供了重要前提。

马克思对政治经济学的研究始于19世纪40年代，在担任《莱茵报》主编时，他"第一次遇到要对所谓物质利益发表意见的难事"[①]。在遭遇摩赛尔的酒农因为竞争面临破产问题时，他认为，不能忽视各种关系的客观本性，而要用当事人的意志来解释一切。这时，他已经意识到有一种客观关系在经济生活中发挥作用，国家制度是由一种不以个人意志为转移的"客观关系"所决定。不过，这时他还不能对这种"客观关系"作出深刻的阐释。从1843年起，马克思开始阅读政治经济学著作，到1844年4月到8月，马克思集中阅读了关于古典经济学等方面的著述，并做了笔记，形成了《1844年经济学哲学手稿》，即《巴黎笔记》。虽然《1844年经济学哲学手稿》不是严格意义上

①《马克思恩格斯选集》第2卷，人民出版社2012年版，第1页。

的经济学著作，在这部手稿中，马克思主要用哲学语言来谈论经济问题背后的哲学原理，但是马克思用哲学思维方式分析了两个主要的经济学范畴：异化劳动和私有财产。他论述了劳动对于人类文明和历史进步的伟大意义，指出私有制带来的劳动异化给工人阶级和整个人类带来了灾难性后果。这时候马克思还没有形成他研究政治经济学的抽象方法，对“市民社会”和资本主义社会关系的理解，还缺乏科学的方法论武器。1844 年后，马克思在《神圣家族》和《德意志意识形态》中逐渐完成了历史观的转变，并且发现了探索新世界的新方法。唯物史观的创立，为马克思经济学研究带来焕然一新的面貌。从 1846 年到 1847 年，马克思的思想经历了深刻的变革，在唯物史观的基础上，马克思经济学理论取得很大的进展。首先，在 1847 年出版的《哲学的贫困》中，马克思运用辩证唯物主义和历史唯物主义的原理，确立了政治经济学批判的研究方法和对象，探讨了劳动价值论，揭示了资本主义生产方式的一般特征和发展趋势。在《雇佣资本与劳动》的演讲中，论述了阶级斗争的物质基础是资本主义社会的经济关系，揭示了资本与雇佣劳动之间的关系。在《共产党宣言》中，马克思与恩格斯在唯物史观的基础上对资本主义经济关系进行了深刻的论述。

《导言》是马克思在对资产阶级政治经济学批判的过程中创立的。正如马克思在写作《导言》后所言：“应当首先出版的著作是对经济学范畴的批判，或者，也可以说是对资产阶级经济学体系的批判叙述。这既是对上述体系的叙述，又是在叙述过程中对它进行的批判。”[①]19世纪50年代，马克思在写给恩格斯的信中，表述了他重新开始研究经济学后的一些感想：“这开始使我感到厌烦了。实际上，这门科学从亚·斯密和大·李嘉图时代起就没有什么进展，虽然在个别的常常是极其精巧的研究方面作了不少事情。”[②]马克思在《导言》中涉及的经济学家非常多。诚然，即使经济学可以归结为斯密和李嘉图两派，在《导言》中仍然给约翰·斯图亚特·穆勒以独立的位置。斯密在《国富论》第一编的后半部分分论中，提出人和人之间所有物多少有区别的决定性原因在于主体是否能把勤劳的成果节约使用，所以拥有较多积累物的资本家所得来自他们自觉性的结果。在斯密看来，在资本循环论展开的过程中，个人（资本家）产生制度，而制度一旦被产生就具有了独立性，这样就出现了二重自然法。在这里，马克思把斯密依据主体自然法设定的“从个人到制度”这种逻辑关系颠倒过来，从“在社会中进行生产的个人”出发，把个人理解为社会的个人，或者说，理解为由个人所构成的社会制度。所以，每个人的个性并不是无从了解，因为其个性是被资本动员和利用着的，因此把人彻底还原为社会的人，把人作为制度的承担者来理解。进而，对斯密的道德哲学等同于经济学的思维习惯进行批判并力图重建。

三、政治经济学研究成果的整理总结

早在1843年夏天到1844年初，青年马克思写了《黑格尔

①《马克思恩格斯文集》第10卷，人民出版社2009年版，第150页。

②《马克思恩格斯全集》第27卷，人民出版社1972年版，第246页。

法哲学批判》,并在《德法年鉴》上发表了《论犹太人问题》和《〈黑格尔法哲学批判〉导言》两篇文章。他从对黑格尔唯心主义的批判中完全转到了费尔巴哈的唯物主义立场上来,已经在对社会历史的认识中回归到了社会存在的真实客观基础。此时的马克思,循着宗教、哲学、国家和法以及私有制批判的轨迹,逐步深入资产阶级社会关系的底蕴,达到对资本主义经济关系这一最深层结构的批判。1849年8月,马克思移居伦敦后,于1850年重新进行政治经济学研究工作。移居伦敦对马克思研究政治经济学极为有利,一方面,英国是当时资本主义经济关系最发达、最典型的国家,而伦敦又是当时资本主义国际贸易和世界金融的中心,是观察和研究资本主义经济关系最理想的场所;另一方面,百年间英国诞生了威廉·配第、亚当·斯密、大卫·李嘉图等一批出色的资产阶级政治经济学家,使当时的英国成为政治经济学理论发展的中心,这无疑为马克思提供了经济研究的环境和理论争鸣的沃土。

1848年,欧洲革命失败后,反动势力极为猖獗,革命陷入低潮。在这种情况下,马克思认为,要根据革命的实践经验重新审查自己的理论,探索革命失败的原因,分析新的革命高潮到来的经济根源和社会基础,阐明未来革命的动力和前途,从理论上武装无产阶级和培养革命政党的骨干,为迎接新的革命高潮做好准备。要做到这一点,必须进行大量的理论工作,特别是研究政治经济学,到"市民社会的解剖中"去寻求答案。

1850年,马克思几乎整天待在大英博物馆的图书馆里阅读、摘录、研究政治经济学著作。这时,马克思的研究范围不仅限于经济学原理和政治经济学史,还囊括了包括工业、农业、商业、财政、信用、外贸等应用经济学。他重新阅读了在巴黎和布鲁塞尔曾经读过的亚当·斯密和大卫·李嘉图的名著，还阅读了富拉尔顿的《论通货的调整》、詹姆斯·泰勒的《论政府时期以来英国的货币制度》、蒲鲁东的《19世纪革命的总观念》等著作。1850年9月到1853年8月，马克思在阅读之余，摘录、思考、评论这些经济问题，并写下了整整24本笔记，这些笔记被后人统称为《伦敦笔记》。在其中，马克思对李嘉图以货币数量论为基础的流通理论进行了全面的研究，对货币数量论有了新的认识。马克思批判地分析李嘉图的货币数量论，他指出，不是货币数量决定商品的价格，恰恰相反，应该是流通中的货币数量取决于可以交换的商品价格总额。在笔记中，马克思还进行了一般经济学原理的研究。《伦敦笔记》为马克思政治经济学研究积累了重要的资料，为进一步进行政治经济学批判奠定了基础。

1857年8月，纽约俄亥俄人寿保险和信托公司宣告破产，随之而来的是一场从银行开始的货币危机，通过资本主义金融市场迅速蔓延，从纽约到全美，随后世界主要的金融市场都受到影响，资本主义经济危机爆发。这场危机不断发酵，银行系统瘫痪、贴现率居高不下、股票下跌，整个资本主义世界深受其害。这场从美国开始爆发的危机是第一场世界意义上的资本主义经济危机，它是鼓舞和激励马克思深入研究政治经济学的时代事件，是马克思进行政治经济学批判研究的直接历史背景。1857年12月21日，马克思给拉萨尔的信中说："目前的商业危机促使我认真着手研究我的政治经济学原理，并且搞一些关于当前危机的东西。”[1]这一时期，马克思一方面总结政治经济学研究工作，另一方面关注危机进展并探讨与经济危机相关的理论。正是在这样的时代背景下，怀着对新的革命高潮早日到来的期望之情，马克思写下了篇幅巨大的《1857—1858年经济学手稿》。《〈政治经济学批判〉导言》就是为这部政治经济学巨著起草的一篇总的导言。

延伸阅读

1. ［德］马克思：《〈政治经济学批判〉序言》，《马克思恩格斯文集》第2卷，人民出版社2009年版。

2. ［德］马克思：《雇佣劳动与资本》，《马克思恩格斯选集》第1卷，人民出版社2012年版。

3. ［德］黑格尔：《精神现象学》，先刚译，人民出版社2015年版。

深度思考

1. 政治经济学研究的出发点是什么？

2. 马克思写作《导言》的理论背景是什么？

---

①《马克思恩格斯全集》第29卷，人民出版社1972年版，第527页。

Reading & Interpretation
大家写小书·马恩经典著作新读

第 二 章

政治经济学研究对象与经济关系

一、政治经济学的研究对象

（一）政治经济学研究对象是现实的个人

马克思对古典政治经济学理论把人理解为与社会分离的、孤立的个人，把社会理解为独立的、与人无关的社会进行了批判。

无论是斯密和李嘉图在古典政治经济学理论中把"单个的孤立的猎人和渔夫"作为他们研究政治经济学的出发点，还是卢梭在道德哲学自然法基础上构造的相互间具有契约关系的"天生独立的主体"，在马克思看来，这样的以孤立的人作为对象来分析社会经济现象，无疑属于"18世纪的缺乏想象力的虚构"和"美学上的假象"，这样的"虚构"与"假象"造成了历史性思维与自然性思维的截然对立。

用"自然本性"来规定"个人"是西方形而上学的惯例，在马克思看来，"这种18世纪的个人，一方面是封建社会形式解体的产物，另一方面是16世纪以来新兴生产力的产物，而在18世纪的预言家看来（斯密和李嘉图还完全以这些预言家为依据），这种个人是曾在过去存在过的理想；在他们看来，这种个人不是历史的结果，而是历史的起点。因为按照他们关于人性的观念，这种合乎自然的个人并不是从历史中产生的，而是由自然造成的。这样的错觉是到现在为止的每个新时代所具有的"[1]。这样的错觉产生的根源在于"单个的人表现为摆脱了自然联系等等"，"自然联系等等使他成为一定的狭隘人

①《马克思恩格斯选集》第2卷，人民出版社2012年版，第683—684页。

群的附属物”。[1]从思想史维度来看，孤立的个人是18世纪以鲁滨逊故事为代表的普遍人性预言的具体表现。这类故事是单个的人在16世纪封建社会向18世纪资本主义社会过渡中竭力摆脱自然状态的诉求的表现。“人是最名副其实的政治动物，不仅是一种合群的动物，而且是只有在社会中才能独立的动物。”[2]

事实上，个人始终表现为不独立的并从属于较大整体的状态。从最初的家庭到由其扩大而来的氏族，再到氏族冲突和融合而产生的公社中，社会关系始终作为个人的内在规定而存在。只有到18世纪的“市民社会”中，社会联系的各种形式才表现为实现其私人目的和利益的手段。资本主义社会前的封建社会充斥着各种人身依赖关系，“个人”表现为极度的不独立，只有到了18世纪，人们正处于从圈地运动到产业革命的历史进程当中，个人凭借货币关系获取私人利益，试图成为独立个体，只要个人凭借货币的力量支配产品，他们就会从社会中独立出来，也就表现为具有脱离历史和现实的生来享有自由、平等、财产和人身安全权利的“自然人”。因此，马克思把这一“假象”看作“对于16世纪以来就作了准备、而在18世纪大踏步走向成熟的‘市民社会’的预感”[3]。

马克思认为，“18世纪的人们有这种荒诞无稽的看法是可以理解的，如果不是巴师夏、凯里和蒲鲁东等人又把这种看法郑重其事地引进最新的经济学中来，这一点本来可以完

①《马克思恩格斯选集》第2卷，人民出版社2012年版，第683页。
②《马克思恩格斯选集》第2卷，人民出版社2012年版，第684页。
③《马克思恩格斯选集》第2卷，人民出版社2012年版，第683页。

全不提”[①]。巴师夏、凯里和蒲鲁东总是天真地对现代的经济关系作一些所谓历史来源的说明，“乐于用编造神话的办法，来对一种他不知道历史来源的经济关系的起源作历史哲学的说明，说什么亚当或普罗米修斯已经有了现成的想法，后来这种想法就被实行了等等”[②]。蒲鲁东等人这种将18世纪的自然人性论引入到他们所谓的社会经济学中，采取编排神话的方式来说明无法考证起源的经济关系，在马克思看来必然是“再没有比这类想入非非的陈词滥调更加枯燥乏味的了”[③]。

（二）政治经济学研究对象是社会生产关系及其发展规律

资产阶级经济学家把生产的物质形式即一般财富作为政治经济学的研究对象，把“生产一般”概念神秘化，将其视为劳动过程的自然要素，忽视了一般要素结合的社会形式。在这里，马克思把资产阶级思想家所说的人类一般解读为历史所生产的社会诸个人，并指出：“说到生产，总是指在一定社会发展阶段上的生产——社会个人的生产。”[④]

马克思认为，资本主义生产具有一般和特殊两个层次，首先是具有“共同标志”“共同规定”的生产一般，可以看到，“生产一般”是“经过比较而抽出来的共同点，本身就是有许多组成部分的、分为不同规定的东西。其中有些属于一切时代，另一些是几个时代共有的。[有些]规定是最新时代和最古时代

①②《马克思恩格斯选集》第2卷，人民出版社2012年版，第684页。

③《马克思恩格斯选集》第2卷，人民出版社2012年版，第684—685页。

④《马克思恩格斯选集》第2卷，人民出版社2012年版，第685页。

共有的”[1]。任何生产都无法离开这些部分。由此，“生产一般”是存在于现实中任何一个具体阶段的社会生产中的一个抽象。“只要它真正把共同点提出来，定下来，免得我们重复，它就是一个合理的抽象。”[2]马克思用“最发达的语言和最不发达的语言”[3]举例，构成语言的发展“是有别于这个一般和共同点的差别”[4]。由此，对生产一般规定的抽象正在于不致因为同一而忘却了本质差别，并指出现存政治经济学家的错误就在于忘记了这种差别。

第二个层次是“现实的历史的生产阶段”的特殊性。即适用于特殊时期生产的特殊规定，大部分古典政治经济学抽象出“生产一般”却忘却了“生产特殊”，忘记了各个时代生产之间的本质差别。马克思指出，抽象有助于呈现物质生产的最广泛现象，却无法正确表现作为真正历史的物质生产的特殊方面。比如生产工具，任何生产都无法离开生产工具。但生产工具作为资本，却不是一种永存的自然关系，只是在一定形式中才能成为资本。巴师夏和凯里等经济和谐论者的错误正在于完全掩盖了物质生产的各种具体形式之间的本质差别，抛开了使生产工具和积累的劳动成为资本的那个特殊。

同时，我们也不能忽视生产一般之于生产特殊的作用，没有生产一般也就没有一般的生产，生产总是由诸如农业、畜牧业、制造业等一个个特殊生产部门构成的总体。正如马克思所言：“生产也不只是特殊的生产，而始终是一定的社会体即社会

①②③④《马克思恩格斯选集》第2卷，人民出版社2012年版，第685页。

的主体在或广或窄的由各生产部门组成的总体中活动着。”①

19世纪以约翰·穆勒为代表的庸俗政治经济学家，探讨一切生产一般条件及其规律的根本目的在于论述现有的资产阶级社会分配方式的合理性，他认为：“私有财产，作为一种制度，并非来源于对其有用性的任何考虑。这种考虑是私有制建立以后人们为其辩护所持的理由。”②由此，在论述生产一般与生产特殊的关系后，马克思通过批判约翰·穆勒关于生产规律和分配规律的二分法来展开论证。

马克思认为，“现在时髦的做法，是在经济学的开头摆上一个总论部分——就是标题为《生产》的那部分”③。事实上，在约翰·穆勒之前，在让·巴蒂斯特·萨伊的《政治经济学概论》以及詹姆斯·穆勒的《政治经济学原理》中，都以“生产”作为“总论部分”。这样的生产理论通常包括两个部分：一是生产的基本要素。尽管实际归纳起来不过是几个十分简单的规定，主要有劳动、非生产性劳动以及资本这三大类，但在资本主义政治经济学家的手中却扩展成浅薄的同义反复。二是促进生产的条件。比如像斯密所说的前进的和停滞的社会状态。若要将这一具有价值的论断上升到科学性，就要超出促进生产的条件这一命题本身，从更大的视域考察各个民族的发展过程中各个时期的生产率程度，并结合竞争、积累来谈论；并得出这样的结论：当一个工业民族达到它的历史高峰时

---

①《马克思恩格斯选集》第2卷，人民出版社2012年版，第686页。

②［英］约翰·穆勒：《政治经济学原理及其在社会哲学上的若干应用》上卷，赵荣潜等译，商务印书馆1991年版，第228页。

③《马克思恩格斯选集》第2卷，人民出版社2012年版，第686页。

也就达到了它的生产高峰。

然而，以这样的方式探求生产的基本要素和促进生产的条件却不是资产阶级政治经济学家所真正要说的，而是，他们借此指出生产与分配的异质性，即：第一，生产不同于分配，生产“应当被描写成局限在与历史无关的永恒自然规律之内的事情”[1]，这样一来，“资产阶级关系就被乘机当做社会一般的颠扑不破的自然规律偷偷地塞了进来”[2]。第二，粗暴割裂生产和分配以及生产和分配的现实关系。“无论在不同社会阶段上分配方式如何不同，总是可以像在生产中那样提出一些共同的规定来，可以把一切历史差别混合或融化在一般人类规律之中。”[3]然而，决定产品在社会不同阶级的分配规则却不同，这里，马克思列出奴隶、农奴、雇佣工人、征服者、官吏、土地所有者、僧侣和传教士的分配产品，充分表现了资本主义制度下的残酷剥削。

这些经济学家还提出“两个要点”，即：一是财产，二是司法、警察等对财产的保护。这显然是继承了黑格尔在《法哲学原理》“市民社会”这一章中的做法，其实质是把资产阶级生产方式在社会上所表现出来的财产关系归结到某种与历史无关的永恒的自然规律中，也就是将所有权关系视为永恒。从第一点“财产”来看，“一切生产都是个人在一定社会形式中并借这种社会形式而进行的对自然的占有”[4]。在马克思看来，“财产（占有）是生产的一个条件”[5]，然而资产阶级经济学家们却在所有权的起源问题面前含糊不清，“从这里一步就跳到财产

①②③④⑤《马克思恩格斯选集》第2卷，人民出版社2012年版，第687页。

的一定形式，如私有财产"[1]，把财产等同于私有财产，抹杀了历史上曾有过"共同财产"的过程，如印度人、斯拉夫人、古凯尔特人将共同财产作为原始形式，"还以公社财产形式长期起着显著的作用"[2]。其实，将私有财产作为所有权的进一步形式是一种"统一反复"，因为"什么也不占有的占有，是自相矛盾"[3]。事实上，所有权只是生产的必要条件之一，而不是充分条件。把所有权视为任何形式的社会及生产是错误的。第二点，关于"对既得物的保护等"，他们认为，"每种生产形式都产生出它所特有的法的关系、统治形式等等"[4]。斯密在《国富论》中提出，配备了现代警察这一制度化的暴力工具后，这样的工具比活生生的暴力更能促进生产效率。然而，作为对生产的保障，现代警察制度和强权一样，都是以某种特定形式存在于资产阶级经济学家所谓"法治国家"中的强者的权利。现代警察制度只是一种法的关系，只是特定社会形式下的生产的暂时性产物，既不是"彼此偶然发生关系的"，更不是"纯粹反思联系中的东西"，是一种"有机地联系着的东西"。尽管生产上的紊乱在与之相对应的社会形态初步产生或已经衰亡的状态下的程度和影响有所不同，但仍是自然产生的一种紊乱。最后，马克思阐明，在生产一般和生产特殊关系中，"一切生产阶段所共有的、被思维当做一般规定而确定下来的规定"，"不可能理解任何一个现实的历史的生产阶段"。[5]

①②《马克思恩格斯选集》第2卷，人民出版社2012年版，第687页。

③④⑤《马克思恩格斯选集》第2卷，人民出版社2012年版，第688页。

知识链接

★ 斯密经济思想的科学成分 ★

斯密的经济思想是从道德哲学中分化出来的，对于价值规律和剩余价值理论的研究是斯密经济思想的基石和精髓。正因为如此，斯密的经济思想就成了马克思、恩格斯经济思想的重要来源。在文明社会，人们为了提高劳动生产率而进行专业化的分工，这势必进一步导致交换的产生。斯密指出，人们所需的物品只有很少一部分类别由自己的劳动生产，绝大部分都需要依靠他人的劳动，于是人与人相互交换劳动产品在所难免。斯密重点考察了“人们在以货币交换货物或以货物交换货物时的遵循的法则”，提出了自己的劳动价值理论。首先，斯密区分了使用价值和交换价值的概念。其次，斯密明确指出了决定商品交换价值的唯一尺度是劳动。因此，马克思评价指出：“亚·斯密把剩余价值，即剩余劳动——已经完成并对象化在商品中的劳动超过有酬劳动即超过以工资形式取得自己等价物的劳动的余额——理解为一般范畴，而本来意义上的利润和地租只是这一般范畴的分支。”①

二、生产同其他独立领域的一般关系

（一）生产和分配、消费、交换的总和关系

以穆勒为代表的资产阶级经济学家将生产以及相关的几个要素——分配、交换、消费之间表述为这样一种“肤浅的表象”：“在生产中，社会成员占有（开发、改造）自然产品供人类

① 中共中央马克思恩格斯列宁斯大林著作编译局编译：《资本论（纪念版）》第2卷，人民出版社2018年版，第14页。

需要；分配决定个人分取这些产品的比例；交换给个人带来他想用分配给他的一份去换取的那些特殊产品；最后，在消费中，产品变成享受的对象，个人占有的对象。生产制造出适合需要的对象；分配依照社会规律把它们分配；交换依照个人需要把已经分配的东西再分配；最后，在消费中，产品脱离这种社会运动，直接变成个人需要的对象和仆役，供个人享受而满足个人需要。”①

具体而言，从主体维度来看，个人通过生产来占有自然产品以满足自身需要，依据一定的分配法则分取这些产品，再用分配得来的产品按照相应的交换方式换取他人那部分特殊产品，最后再以消费形式重新占有和享受劳动产品。从客体维度来看，产品先后表现为：被生产制造出适合需要的对象，按照社会规律被分配的对象，按照个人需要再分配的对象，脱离中间环节直接满足个人需要的对象。

借用黑格尔“必然性的推论”的表达方式，这四者的关系可以概括为一个彼此结合的“正规三段论法”：生产是一般抽象规定（起点），分配、交换是特殊化规定（中间环节），消费是个别性规定（终点）。分配和消费是二重化的中间环节，即前者作为从社会出发的要素，后者被规定为从个人出发的要素，而消费作为终点又重新激起新的起点。这个公式的精致并未掩盖其肤浅的本质，把生产视为无差别的“一般”自然过程，把分配与交换视为介于生产和消费之间的“特殊”过程，把消费视为与社会经济过程无关、由个人意愿决定的“个别”行为。

①《马克思恩格斯选集》第2卷，人民出版社2012年版，第688—689页。

这种“一般”“特殊”以及“个别”的结合囿于一种并列的、片面的视野。

另外，仅从“正规三段论法”对资产阶级政治经济学的批判，“责备他们把联系着的东西粗野地割裂了”[1]，显然是不够充分的。例如，责备资产阶级政治经济学家过于重视生产，认为分配与生产也是同等重要的，从而“把分配当做与生产并列的独立自主的领域”[2]。或是责备资产阶级政治经济学家们将生产、分配、交换与消费这四要素只是对概念作辩证的平衡，而不是揭示现实的关系。然后，我们可以看出，他们所指的统一，仅仅是一种无视这些环节在现实经济运动中本质联系的平衡。的确，这种形而上学的对概念近乎完美的追求使得政治经济学理论缺乏实质性的规定，只是将“社会关系”看作先验的、天生的关系，忽视了人与人在社会中的复杂多变的具体性。

知识链接

★ 黑格尔辩证法的“合理内核” ★

黑格尔的哲学体系具有唯心主义的神秘形式，但这一形式是在辩证法的基础上依靠“绝对精神”的自我运动发展而建立起来的，虽然在黑格尔那里辩证法这一“内核”包裹在唯心主义神秘形式的“外壳”下，但马克思主义经典作家仍然高度评价了黑格尔的辩证法取得的理论意义，马克思在《资本论》第一卷第二版跋中指出：“辩证法在黑格尔手中神秘化了，但这决没有妨碍他第一个全面地有意识地

①②《马克思恩格斯选集》第2卷，人民出版社2012年版，第689页。

叙述了辩证法的一般运动形式。在他那里，辩证法是倒立着的。必须把它倒过来，以便发现神秘外壳中的合理内核。”[①]总的来说，黑格尔辩证法的“合理内核”包括以下几个方面，第一，在特殊性的黑格尔辩证法之中蕴含的具有一般性的“一切辩证法的基本形式”，这些基本形式就是我们所熟知的辩证法的三大规律：“量转化为质和质转化为量的规律”“对立的相互渗透的规律”和“否定之否定的规律”。第二，黑格尔的辩证法使“绝对精神”具有了能动性，虽然这种能动性在唯心主义的形式下只具有神秘的形态。第三，黑格尔的辩证法具有认识论功能。第四，黑格尔的辩证法在唯心主义的神秘形式下表达了唯物主义的内容。第五，黑格尔的辩证法中历史与逻辑统一的观点。

（二）关于生产和消费的关系

马克思在“(a)[生产和消费]”的这部分内容中对两者的有机联系进行了分析。马克思从“生产一般”出发指出生产与消费之间的对立统一关系。

首先，生产直接是消费。生产是主体和客体结合的双重运动，具备生产的主体——劳动者和生产的客体——生产资料两个要素。在物质资料的生产过程中，个人发展自己的能力，也支出、消耗这种能力；生产新的产品，也有一定的原材料、燃料、机器的损耗。生产行为中生产资料被使用、被消耗和重新分解，这本身就是消费生产资料的行为。用荷兰唯物主义哲学家斯宾诺莎的术语可以表述为“规定即是否定”，也

① 中共中央马克思恩格斯列宁斯大林著作编译局编译：《资本论（节选本）》，人民出版社2018年版，第16页。

就是说，任何一个事物即有规定性的存在，其内部都包含否定它的要素。这种与消费同一的生产、直接与生产合一的消费，被资产阶级经济学家称为“生产的消费”。

其次，消费直接是生产。资产阶级政治经济学家没有从主体维度出发考察生产与消费的同一性。以人的日常消费为例，人们在吃喝这一消费形式中生产自己的身体，这是一种“消费的生产”，消费为生产创造作为内在对象。生产的产品只有让人民进行消费才能实现自然的价值。资产阶级经济学家夸大了生产与消费的同一性以否认二者的对立。事实上，“消费的生产”和“原来意义上的生产”即物质资料的生产截然不同，前者即劳动者消耗劳动，是“生产者物化”的过程，而后者是通过消费生活资料，生产出人体自身的过程，是“生产者所创造的物人化”的过程。由此可见，“生产同消费合一和消费同生产合一的这种直接统一，并不排斥它们直接是两个东西”[①]。

全面考察生产与消费之间的同一性，还要从“起消灭作用的与生产相对的对立面”出发，即从“消费”角度出发来考察。在生产和消费的媒介运动，即相互作用中可以充分体现。一方面，生产决定着消费，没有生产，消费就没有对象。另一方面，如果没有消费，生产就是一种无目的、无意义的行为，消费为生产创造主体，并创造了生产的动力。可见，“没有消费，也就没有生产，因为如果没有消费，生产就没有目的”[②]。

消费从两个方面“生产着生产”：第一，“产品只是在消费中才成为现实的产品”[③]。比如房间只有在居住的消费中，才

①②③《马克思恩格斯选集》第2卷，人民出版社2012年版，第691页。

能成为现实的房屋，生产房屋所耗费的劳动才能得到最后的实现。只有消费掉用尽心思生产的产品，才能使生产在现实中完成。第二，消费使生产得到最后的完成，它创造出新的生产的需要，在“观念”或“主体形式”上提出生产的对象，并成为生产的动力和目的。这样一来，在消费的过程中，验证生产是否达到目标，是否产生出更好的商品。生产从三个方面对消费产生作用：一是生产为消费提供材料、对象。若有消费而无对象，那么消费便不成其为消费；二是在给予生产以消费对象的同时，从主体和客体方面创造着产品的消费方式和消费者；三是作为消费的动力，通过产品作用于消费者身上引起新的需要。

由此可见，生产和消费之间的同一性，或者说辩证关系，正如马克思所说，表现在以下两个方面：

（1）直接的同一性，就是指“生产是消费，消费是生产”。资产阶级政治经济学家将生产与消费都称为“生产的消费”，即只区分二者的同一性，却否认生产与消费之间的对立性。这种同一性以消费的生产即再生产和生产的消费呈现。在政治经济学中，关于前者的研究对象主要有“生产的劳动”或“非生产的劳动”，对于后者的研究对象包括“生产的消费”或“非生产的消费”。可见，生产由于自己的实现才创造了消费，而消费也由于自己的实现而创造了生产。

（2）间接的同一性。生产与消费在各自独立，处于对方之外的前提下，互为中介、相互依存、互为表现手段。生产为消费创造作为外在的对象，即可供消费的产品。消费为生产提供作为内在的对象和目的的需要。因此，没有生产就没有消费，没有消费就没有生产。资产阶级政治经济学家们经常用需求和供给、对象和需要、社会需要和自然需要的关系，来说明生产和消费之间的这个最后的同一性。

马克思用明显带有黑格尔风格的语言总结上述结论，的确，任何一个黑格尔主义者都容易把生产与消费等同起来，不仅格律恩和蒲鲁东这样的庸俗社会主义美文学者这样做过，萨伊和亨利希·施托尔希之类平庸的经济学家也这样做过。马克思在19世纪40年代后期所写的《德意志意识形态》和《哲学的贫困》中已经着重批判了格律恩和蒲鲁东把生产和消费等同起来的错误观点，在这里，他着重批判了萨伊的错误，并通过对生产和消费之间同一性的描述，来揭示其背后的现实的个人之间的关系。

在萨伊看来，就一个民族或一般人类社会来说，生产就是他的消费，俄国经济学家亨利希·施托尔希指出他的错误，一个民族和一个国家生产出的全部产品并非全部用来消费，还要有一部分产品用于再生产。萨伊对于生产的理解从主观概念出发，从而抹杀了社会经济过程中生产与消费这两个要素的根本区别。事实上，在现实生活中，生产和消费总是表现为一个主体或许多个人的同一活动过程中的两个要素。在这里，生产作为整个生产活动本身是“现实起点”，起着支配作用，将消费纳入生产活动中；而生产活动作为“实现的起点”，又支配着整个活动过程重新进行。尽管消费创造了再生产的动力和对象，起支配作用的仍然是生产，因为只有社会再生产过程的重新开始，才能证明消费是生产的要素。由此，生产和消费不是等同的要素，生产对消费起着支配的作用。在这样的过程中，个人既生产出一个对象，又通过这个消费的对象返回自身，因而表现为“作为生产的个人”和“自我再生产的个人”两种状态。然而，随着产品一经对象化即真正完成，个人对它的关系就成为一种外在的关系。此时，产品回归个人则取决于个人对其他人的关系，而非个人对产品的直接占有。生产者生产的目的也并非直接占有自己的产品，而是为了通过交换而获得他所需要的其他产品，这样一来，在生产者和产品之间自然出现了分配关系。具体地说，就是资产阶级社会中，作为产品直接创造者的工人只能依靠资本家所提供的微薄工资来重新购买产品，以维持生存，而资本家可以借用对工人的统治地位直接占有产品。关于生产这部分的论述显然是马克思在《伦敦手稿》中用异化劳动揭示工人无法买回自己创造的产品的进一步延伸。萨伊错误地将个人的消费与生产的消费割裂开来，禁止个人的消费，把生产的消费等同于劳动看作是牺牲，把消费主体仅看作是体力劳动的再生产，这样的经济理论潜在原因隐藏在个人内部与社会关系分裂的货币关系，甚至是资本主义关系中。

（三）关于生产和分配的关系

在“(b)[生产和分配]”这个标题下，马克思分析了包含着消费的生产和分配之间的关系。

在马克思之前，资产阶级政治经济学家已经对“生产和分配的关系”进行了不同程度的思考。亚当·斯密把产品的总价值划为工资、利润和地租三种收入，与之对应的三种收入阶级为劳动者、企业家和土地所有者。这种看法被称作“斯密教条”，即只看到产品分配的表层形式，而忽视了经济范畴体现的生产条件和分配关系。李嘉图则将工资、利润、地租三种收入形式与劳动者、企业家、土地所有者三个阶级对立起来，忽视了三者之间的有机联系与共同根源。萨伊与李嘉图同样将生产、消费、分配对立起来，虽将“斯密教条”进一步发展为“劳动—工资”“资本—利息”与“土地—地租”的“三位一体公式”，但却抹杀了生产对分配的规定与制约作用。

事实上，在产品外在于生产者的现实过程中，分配借助社会规律决定生产者占有的产品份额并出现在生产和消费之间。在这里，马克思着重讨论的是：分配是否处于生产之外，和生产并列的独立领域以及分配与生产的关系。马克思首先批判了资产阶级政治经济学家对于生产和分配关系的错误理解。在资产阶级政治经济学的著作中，生产和分配之间的关系以要素对应的形式呈现出来，生产要素与分配要素一一对应，即“劳动—工资”“资本—利息”与“土地—地租”的“三位一体公式”。这样一来，生产、资本和土地既作为生产要素出现，也作为工资、利息、地租的收入源泉出现。在他们看来，分配就是生产的产物；参与生产的一定方式决定分配的特殊形式，参与分配的只能是生产的成果。这一点显然是荒谬的。以资本为例，利息和利润本身就是资本生产的目的，利息和利润既是作为生产要素的资本前提的分配方式，也是资本再生产的方式。资本的增值表现为利息和利润的形式，资本的积累和扩大再生产也以利息和利润转化为资本为前提。同样，工资一方面表现为分配的规定，另一方面也表现为劳动作为生产要素即雇佣劳动所具有的规定性。一旦离开了雇佣劳动这个规定性，如在奴隶制度下，劳动参与产品分配的方式就不再表现为工资。由此，工资这一特定分配方式也是由资本主义生产关系所决定。最后，作为地产（而不是土地）参与产品分配的最发达形式，地租是以作为生产要素的大地产（而不是土地一般）为前提的，把土地放在生产上来谈，把地租放在分配上来谈，这样的做法完全是处于幻觉中。可见，正是资本主义制度下的土地所有制关系才有与此相适应的地租分配形式。地租分配方式，同样由特定的生产关系的性质所决定。

通过上述分析，马克思得出生产和分配的以下关系：第一，在社会经济运行过程中，生产和分配是反映社会经济关系本质的两个相互联系的方面，即“分配关系和分配方式只是表现为生产要素的背面”[①]。第二，生产对分配起着决定性的作用。“分配的结构完全决定于生产的结构。分配本身是生产的产物，不仅就对象说是如此，而且就形式说也是如此。就对象说，能分配的只是生产的成果，就形式说，参与生产的一定方式决定分配的特殊形式，决定参与分配的形式。”[②]因此，李嘉图将分配专门规定为经济学对象，是因为他直觉地把分配形式看成是一定社会中的生产各要素借以得到确定的最确切的表现。这也正是资产阶级生产关系得以表现的具体形式。

从个人的角度来看，分配似乎先于并且决定生产的经济事实是：社会成员在生产中的地位，由社会分配规律所决定。失去任何生产资料的劳动者将由社会指定从事雇佣劳动。同样，整个社会在所有出现过的历史情况下，也有这样两种“假象”显得尤为重要：第一，历史上的国家曾出现利用民族征服、

①②《马克思恩格斯选集》第2卷，人民出版社2012年版，第695页。

掠夺、奴役、革命或利用立法的手段，或是按照劳动创造一切的神圣信条，赋予地产以新的分配形式，造成对土地或其他生产资料的重新分配，由此而形成新的生产形式和产生新的生产性质。第二，按照最浅薄的理解，"分配表现为产品的分配，因此它离开生产很远，似乎对生产是独立的"[①]，是离开生产而独立的过程。这样看来分配与生产是无关的。马克思首先对第二种"假象"的本质进行揭示。他认为，在产品分配之前，分配表现为生产工具的分配和个人在各类生产之间的分配。这种分配"包含在生产过程本身中并且决定生产的结构，产品的分配显然只是这种分配的结果"[②]。无视这种分配来考察生产，所得到的结果只能是"一个空洞的抽象"。在这个意义上考察李嘉图将分配而不是生产作为政治经济学的本题，具有一定的合理性，尽管他的理论诉求是在一定的社会结构中来理解现代生产。资产阶级政治经济学家割裂分配与生产之间的内在联系，无疑是要将分配视为一种不依赖于生产方式的东西，从而证明资本主义生产的永恒性。

马克思再揭示第一种"假象"的本质。对土地或其他生产资料的重新分配能够造就新的生产形式并产生新的性质，但这并不能说明分配决定了生产。决定生产本身的分配和生产之间的关系，应该在生产本身内部进行讨论。生产实际上有它的前提和条件，比如生产工具、原材料等生产力要素。这些生产力要素本身只能反映一定的自然物质关系；但是，在一定的社会生产中，它们又和一定的社会生产关系相结合，表现为

①②《马克思恩格斯选集》第2卷，人民出版社2012年版，第696页。

一定的历史性质。因此，生产条件的分配是由一定的生产力发展水平决定，由一定的社会生产关系的性质所决定。例如，社会生产力的发展，使机器的应用不仅改变了生产工具的分配，也改变了产品的分配。

考察分配的独立性实质就是考察生产和一般历史运动的关系，就是回答一般历史条件在生产上是怎样起作用，生产和一般历史运动有怎样的关系。这样的问答显然隶属于对生产本身的讨论和阐述。在历史情境中曾出现的征服或立法，只能说明生产决定分配，而无法说明分配决定生产。马克思指出，一个征服民族可以将自己的生产方式强加于被征服的民族，如19世纪英国人在爱尔兰或印度的做法。或者，它只满足征收贡赋，让征服民族沿着旧有生产方式维持下去，如土耳其人和古罗马人的做法。或者，在上述两种生产方式的共同作用下，形成一种新的、综合的生产方式，如日耳曼人的部分做法。新的生产方式决定着新出现的分配方式，这样的分配方式不仅是一般历史生产的产物，而且是一定历史生产的产物，它只是在表面上表现为新的历史时期的前提而已。同样，在历史上的某些时期靠掠夺而形成的分配，也是由生产来决定的。一方面，只有生产才能提供可被掠夺的东西；另一方面，从事掠夺的民族的生产方式决定其掠夺方式。至于直接掠夺生产工具、使用奴隶所形成的分配，必须安排容许奴隶劳动，或者建立一种适用于奴隶的生产方式为前提。最后，可以确定诸如土地一类的生产资料属于一定家庭的法律，只有在当大地产与社会生产处于和谐相适应的时候（比如在英国），才具有经济意义。否则，就会出现类似法国大革命的情形，财产仍旧集中于特权阶层手中。

可见，生产条件的分配决定了生产的结构，但是并不能由此推断出分配决定生产，因为对生产条件的分配，是由社会生产力和生产方式的发展所决定的。正如马克思在《哥达纲领批判》中所指出："消费资料的任何一种分配，都不过是生产条件本身分配的结果；而生产条件的分配，则表现生产方式本身的性质。"①

（四）关于交换与流通的关系

第二节的最后是"交换和流通"的相关分析。马克思在这里不是用"生产与交换"而是用"交换与生产"，就是要表明，实际上是交换的形式决定生产的内容。如马克思从消费一生产、分配一生产的角度，解开资本主义生产形态所包含的规定关系一样，在这里马克思想表明资产阶级的交换方式决定生产的资本主义结构。

流通就是以货币为媒介的商品交换，流通是从交换总体上来看的交换，是交换的一定要素。交换是生产和由生产决定的分配同消费之间的媒介要素。消费和生产具有同一性，它本身表现为生产的一个要素，所以，不论是交换本身，还是其客体形式和主体行为，都"作为生产的要素包含在生产之内"②。马克思对从总体上理解的交换同生产的关系作了分析。

其一，在生产过程中发生的各种活动和各种能力上的交换，比如在生产过程中，劳动者之间在分工和协作过程中所进

①《马克思恩格斯选集》第3卷，人民出版社2012年版，第365页。
②《马克思恩格斯选集》第2卷，人民出版社2012年版，第698页。

行的活动和各种能力上的交换。这种交换“直接属于生产，并且从本质上组成生产”[①]。

其二，生产过程中产品的交换，如在同一生产单位内，在生产成品过程中各道工序之间的原料或半成品的交换，始终是包含在生产之中的行为。

其三，所谓实业家之间的交换，或者说主体之间的交换行为，也就是产品在进入消费领域前在运输、包装、保管等过程中的交换，从这一交换结构来看，“完全决定于生产，而且本身也是生产活动”[②]。不仅如此，由于没有分工就没有交换，私人交换以交换为前提，交换的深度、广度和方式都是由生产决定的，所以，直至交换的最后阶段，即产品直接为了消费而交换，这也是由生产所决定的。

对以上“生产与消费”“生产与分配”“交换和流通”三个方面进行分析后，马克思作出以下的分析：“我们得到的结论并不是说，生产、分配、交换、消费是同一的东西，而是说，它们构成一个总体的各个环节，一个统一体内部的差别。生产既支配着与其他要素相对而言的生产自身，也支配着其他要素。过程总是从生产重新开始。交换和消费不能是起支配作用的东西，这是不言而喻的。分配，作为产品的分配，也是这样。而作为生产要素的分配，它本身就是生产的一个要素。因此，一定的生产决定一定的消费、分配、交换和这些不同要素相互间的一定关系。”[③]

生产决定消费对象、方式和水平。资本的本性是不断扩

---

①《马克思恩格斯选集》第2卷，人民出版社2012年版，第698页。

②③《马克思恩格斯选集》第2卷，人民出版社2012年版，第699页。

大生产，追求最大的剩余价值，因此，全面理解资本的一般本性，首先要从马克思主义政治经济学的分析方法进行考察。马克思主义认为资本是追求增殖的价值剩余，在剩余价值的刺激下，资本不断推动并扩大生产，我们将在下一章展开分析、阐述。

延伸阅读

1. 习近平：《在纪念马克思诞辰200周年大会上的讲话》，人民出版社2018年版。

2. ［日］内田弘：《新版〈政治经济学批判大纲〉的研究》，王青、李萍、李海春译，北京师范大学出版社2011年版。

3. ［德］马克思：《〈政治经济学批判（1857—1858年手稿）〉摘选》，《马克思恩格斯文集》第8卷，人民出版社2009年版。

深度思考

1. 马克思如何看待“抽象的人”？

2. 在对“从抽象上升到具体”方法的理解和运用上，马克思与黑格尔有何联系与区别？

3. 如何全面理解生产、消费、分配、交换之间的关系？

第三章

经济关系总体及方法探索

马克思运用辩证唯物主义和历史唯物主义研究政治经济学，不仅在政治经济学的研究对象上实现了革命，而且也在政治经济学的研究方法上进行了根本的变革。在这一节里，马克思阐明了唯物辩证法是科学地研究政治经济学的根本方法，并且着重论述了把唯物辩证法的基本原理运用到政治经济学的研究上，所具体采用的“从具体到抽象”“从抽象上升到具体”的方法，以及逻辑和历史统一的方法，特别是从建立政治经济学科学理论体系的角度，着重论述了“从抽象上升到具体”的逻辑的研究方法或叙述方法，批判了黑格尔的唯心主义辩证法和资产阶级经济学在方法上的唯心主义和形而上学的错误。最后，根据上述的方法，马克思提出了建立政治经济学资本主义部分的分篇体系的设想。

一、从抽象上升到具体的方法

（一）建立政治经济学学科理论体系的正确方法

在《导言》中，马克思采用全新的方法——唯物辩证法分析政治经济学，不仅实现了政治经济学对象的革命，也实现了政治经济学方法的革命。马克思指出，当我们从政治经济学的角度对某一个国家的经济关系进行考察时，应从该国客观存在的人口，人口的阶级划分，人口在城乡、海洋、不同生产部门的分布，输出和输入，全年的生产和消费，商品价格，等等出发。[①]这样的考察方式从方法论上来说，是必要的，从唯物主义的认识论而言，也同样是人类认识客观事物的必经阶段。

① 参见《马克思恩格斯选集》第2卷，人民出版社2012年版，第700页。

然而，从建立科学的政治经济学理论体系的角度而言，是否可以从具体的现象开始，把该国的经济关系采取叙述的方式进行表达呢？进而，马克思提出从具体到抽象和从抽象到具体两种方法。

第一种方法，从具体到抽象的方法，叫作研究方法，即对具体事物进行分析。主要是重商主义所采用的方法。这样的方法，“从实在和具体开始，从现实的前提开始，因而，例如在经济学上从作为全部社会生产行为的基础和主体的人口开始”[①]。这种从实在的、具体的人口开始的方法，似乎是正确的，但是，“更仔细地考察起来，这是错误的”[②]。因为，一方面，这种方法从现象出发，只看到了“人口”这个复杂整体的肤浅表象，未看到它的规定性和本质。另一方面，不能从“人口”这一混沌不清的表象具体开始建立政治经济学体系，这不仅使包含在“人口”这个具体中的各种规定及它们之间的联系无法得到说明，也使思维进程陷于缺乏证明的混乱之中，而且在逻辑的叙述过程中，“人口”这一具体的规定性即本质也将无法再现。“如果我，例如，抛开构成人口的阶级，人口就是一个抽象。如果我不知道这些阶级所依据的因素，如雇佣劳动、资本等等，阶级又是一句空话。”[③]

事实上，资本的存在，统一是以价值、货币、价格等为前提的，如果不了解雇佣劳动、价值、货币、价格等，就无法从本质上认识“人口”。可见，当一个概念中各个要素还不明晰，各个要素之间的相互作用、生存条件和发展过程还不明了的时候，

①②③《马克思恩格斯选集》第2卷，人民出版社2012年版，第700页。

这个概念不能称为一个合理的抽象，也不可能建立政治经济学的科学体系，把资本主义经济制度的本质和规律性反映和叙述出来。

第二种方法，即“从抽象上升到具体”的方法，也叫作叙述方法。即把分析的结果综合起来使具体事物重现出来。“如果我从人口着手，那么，这就是关于整体的一个混沌的表象，并且通过更切近的规定我就会在分析中达到越来越简单的概念；从表象中的具体达到越来越稀薄的抽象，直到我达到一些最简单的规定。”[①]在这里，马克思完整地解释了考察资本主义经济制度并建立政治经济学科学理论体系过程所采用的方法。从“人口”这一客观存在的具体事物出发，运用思维抽象力，对人口这个混沌具体进行剖析，解释构成人口的各种本质因素和规定性，直到最后找到各种因素所共有的，并构成它们统一性基础的最简单、最抽象的规定或范畴。在完成具体到抽象，找到“最简单的规定”之后，“于是行程又得从那里回过头来，直到我最后又回到人口，但是这回人口已不是关于整体的一个混沌的表象，而是一个具有许多规定和关系的丰富的总体了”[②]。所以，“从抽象上升到具体”就是把抽象出来的最简单的规定、范畴作为上升的起点，按照从简单到复杂、从低级到高级的思维发展进程，最后在思维中把资本主义社会的各种规定性和关系加以综合，并通过建立科学理论体系从理论上叙述出来。

可以看到，这两种方法既紧密结合在一起，又在形式上有

①②《马克思恩格斯选集》第2卷，人民出版社2012年版，第700页。

所区分。抽象—具体的叙述方法以具体—抽象的研究方法为前提，同时，具体—抽象的研究方法是抽象—具体的叙述方法的必然发展。这两种在形式上不同的方法构成马克思政治经济学研究的辩证逻辑思维方法不可分割的统一体。关于这一点，马克思在《资本论》第二版跋中有一个说明："当然，在形式上，叙述方法必须与研究方法不同。研究必须充分地占有材料，分析它的各种发展形式，探寻这些形式的内在联系。只有这项工作完成以后，现实的运动才能适当地叙述出来。这点一旦做到，材料的生命一旦在观念上反映出来，呈现在我们面前的就好像是一个先验的结构了。"[①]

（二）政治经济学研究的两条路径

马克思在对总体方法论的阐述中，强调思想总体起始于具体总体，即起始于"整体的一个混沌的表象"；同时，思想总体又再现具体总体，即再现"一个具有许多规定和关系的丰富的总体"。[②]事实上，政治经济学的研究方法和叙述方法在形式上的联系，属于从具体上升到抽象和从抽象上升到具体的关系的派生关系。从历史发展的总过程和个别过程来看，涉及政治经济学所揭示的认识过程。在本节"政治经济学的方法"中，马克思从"混沌的总体"到"具体总体"到"思想总体"，从"思想总体"到思维再现的"具体总体"的过程，概括为政治经济学方法上的"两条道路"。

第一条道路是"完整的表象蒸发为抽象的规定"的方法，

① 中共中央马克思恩格斯列宁斯大林著作编译局编译：《资本论（节选本）》，人民出版社2018年版，第16页。

②《马克思恩格斯选集》第2卷，人民出版社2012年版，第700页。

是由威廉·配第和布阿吉尔贝尔等17世纪政治经济学家开辟的。马克思把笛卡尔的“分析”、康德的“经验概念综合”，以及黑格尔的“从抽象到具体”结合到一起，是一种从整体到简单意义上的分析，其根本特点是从具体到抽象。例如，17世纪的资产阶级重商主义经济学家在著作中，总是从生动的整体，从人口、民族、国家、若干国家等整体的表象出发，最后从分析中找出一些有决定意义的抽象的一般关系，如分工、货币、价值等。显然，这种从具体到抽象的分析，只能把各种因素作形而上学的罗列，而无法综合复杂总体的各种规定及其内在联系以形成有机统一整体。因此，他们既不能抓住事物的真正本质，更谈不上建立反映客观具体事物的本质和规律性的科学理论体系。

随着把经济学的研究从流通领域转向生产领域，斯密、李嘉图等18世纪经济学家充分吸收了第一条路径的合理部分，完成了政治经济学体系的构建，形成了第二条路径，即从抽象到具体。在他们把个别要素确定下来和抽象出来后，便从劳动、分工、需要、交换价值等这些简单的东西上升到国家、国际交换和世界市场，于是“各种经济学体系就开始出现了”[①]，尽管资产阶级政治经济学家们所建立的经济学体系带有形而上学和自相矛盾的性质，但是由于他们循着“从抽象上升到具体”的思维逻辑，并反映了资本主义制度的某些本质，马克思对此加以肯定，称这是“科学上正确的方法。具体之所以具体，因为它是许多规定的综合，因而是多样性的统一”[②]。要全面反映“具体”的本质和规律性，就需要思维的加工和综

①《马克思恩格斯选集》第2卷，人民出版社2012年版，第700页。
②《马克思恩格斯选集》第2卷，人民出版社2012年版，第701页。

合，因此，“它在思维中表现为综合的过程，表现为结果，而不是表现为起点”①。

这里涉及两种方法、两条路径的辩证关系。“在第一条道路上，完整的表象蒸发为抽象的规定”②，这就指从具体到抽象的研究方法，从研究对象的具体现象出发，抽象出事物本质的规定性；“第二条道路上，抽象的规定在思维行程中导致具体的再现”③，就是从抽象上升到具体的方法，把研究对象的全部现实关系综合成为思维总体，在理论上叙述出来。把从抽象到具体的形成再走一次，但不是第一次的简单重复，正如《逻辑学》的思维运动不是《精神现象学》的重复，马克思立志建立的经济学体系也不会是17世纪各种经济学体系的重复。马克思的科学体系达到的具体的整体不是过去经济学家研究资本主义生产方式的某个领域、某个方面的知识，而是把这些领域和知识作为相互联系的环节，综合为“一个具有许多规定和关系的丰富的总体”④。

我们可以将整个思维形式用这样的公式表述出来：现实具体（总体）→[表象具体→（分析）→抽象（范畴）→（综合）→思想具体（总体）]，其中“[ ]”内的过程是认识过程、思维过程，“[ ]”外的是客观现实本身。正如黑格尔在《逻辑学》中所指的那样，用分析的方法来研究对象，就像剥洋葱一样：将葱皮一层层剥掉，但原来的葱已经不在了。所以“下降”的方法是错误的，科学只能采取“上升”的方法，即从抽象上升到具体，只有这样，才能从理论上正确地、完整地再现资本主义社会的运动规律。

①②③《马克思恩格斯选集》第2卷，人民出版社2012年版，第701页。
④《马克思恩格斯选集》第2卷，人民出版社2012年版，第700页。

（三）黑格尔唯心主义方法论的批判

马克思在《导言》中阐述并在《资本论》中运用的“从抽象上升到具体”的方法，与黑格尔的辩证法存在本质的不同。黑格尔的逻辑性和辩证法固然有其唯心的和抽象的一面，而另一面却是巨大的历史感。在黑格尔那里，思想演进和世界历史的发展并行不悖，思辨哲学中到处渗透着具体实在的内容。他最大的不足在于把主体和实体理解为抽象的观念或谓词，而主体和实体在精神范围内运动，即形成“颠倒的体系”。所以，面对“抽象的规定在思维行程中导致具体的再现”[①]这一“从抽象上升到具体”的方法，他“陷入幻觉”[②]，从而“把实在理解为自我综合、自我深化和自我运动的思维的结果”[③]。显然，黑格尔把抽象到具体的思维过程看作是脱离客观实在的纯主观思维的活动，并且把客观实在的具体事物看作是这种主观思维创造的。对于黑格尔的唯心主义方法论，马克思从两个方面进行了分析批判。

第一，针对黑格尔把“从抽象上升到具体”的思维过程看作“创造客观实在”的唯心主义观点，马克思指出：“其实，从抽象上升到具体的方法，只是思维用来掌握具体、把它当做一个精神上的具体再现出来的方式。但决不是具体本身的产生过程。”[④]进而，马克思用最简单的经济范畴来举例：“最简单的经济范畴，如交换价值，是以人口即在一定关系中进行生产的人口为前提的；也是以某种家庭、公社或国家等为前提的。”[⑤]也就是说，“交换价值只能作为一个具体的、生动的既定整体的

①②③④⑤《马克思恩格斯选集》第2卷，人民出版社2012年版，第701页。

抽象的单方面的关系而存在”[1]。离开人们之间的商品交换关系，交换价值这个抽象范畴既无法抽象，也没有实在意义。并且，交换价值作为一个经济范畴，“却有一种洪水期前的存在”[2]。这是因为，交换价值这一概念不是起源于资本主义商品交换高度发达的社会，而是源自几千年前古希腊思想家亚里士多德的“五床=一屋”。然而，在黑格尔看来，“正在理解着的思维是现实的人，而被理解了的世界本身才是现实的世界”[3]。在唯心主义者的眼中，客观存在的世界并非是现实世界，只有经过自己思维所理解的世界才是现实的世界，且主观范畴的运动是一种产生现实的“生产行为”。

第二，针对黑格尔把实在的具体误解成思维中“自我综合、自我深化和自我运动”[4]的纯思维活动的唯心主义观点，马克思指出：“具体总体作为思想总体、作为思想具体，事实上是思维的、理解的产物；但是，决不是处于直观和表象之外或驾于其上而思维着的、自我产生着的概念的产物，而是把直观和表象加工成概念这一过程的产物。”[5]从抽象上升到具体的思维过程所认识的“具体总体”，绝不是脱离或超越对客观实在的直观和表象的感性认识，而是被理解了的认识的产物，通过思维对感性材料进行改造和加工，把各种经济关系的本质从理论上加以概括而形成各种概念或范畴，最后通过建立范畴的逻辑体系而产生的。

最后，马克思指出，作为社会整体的“整体”，“当它在头脑中作为思想整体而出现时，是思维着的头脑的产物”[6]，但这个

①②③④⑤⑥《马克思恩格斯选集》第2卷，人民出版社2012年版，第701页。

"头脑"既不同于艺术通过典型形象来反映社会的思维方式，也不同于宗教用虚无缥缈的幻觉的歪曲反映来描述社会和自然的思维方式，还不同于一般的从感性到理性、由实践到精神的认识世界的思维方式。但是，不管这种思维方法在怎样的程度上进行着思维活动，"只要这个头脑还仅仅是思辨地、理论地活动着"①，那么头脑的思维始终要以客观的"具体整体"为前提，因此，对于政治经济学来说，"在理论方法上，主体，即社会，也必须始终作为前提浮现在表象面前"②。

知识链接 ································

★ 习近平论学好用好政治经济学 ★

党的十八大以来，习近平总书记高度重视马克思主义政治经济学，多次就坚持和发展马克思主义政治经济学作出重要论述。2014年7月8日，在主持召开经济形势专家座谈会上，他强调，各级党委和政府要学好用好政治经济学，自觉认识和更好遵循经济发展规律，不断提高推进改革开放、领导经济社会发展、提高经济社会发展质量和效益的能力和水平。2015年11月23日，在主持中央政治局第二十八次集体学习时他指出，要立足我国国情和我国发展实践，揭示新特点、新规律，提炼和总结我国经济发展实践规律性成果，把实践经验上升为系统化的经济学说，不断开拓当代马克思主义政治经济学新境界。在2015年年底召开的中央经济工作会议上他指出，要坚持中国特色社会主义政治经济学的重大原则。2016年5月17

①《马克思恩格斯选集》第2卷，人民出版社2012年版，第701—702页。

②《马克思恩格斯选集》第2卷，人民出版社2012年版，第702页。

日，在哲学社会科学工作座谈会上的讲话中他强调："有人说，马克思主义政治经济学过时了，《资本论》过时了。这个说法是武断的。"[①]在2016年7月8日召开的经济形势专家座谈会上他指出："坚持和发展中国特色社会主义政治经济学，要以马克思主义政治经济学为指导，总结和提炼我国改革开放和社会主义现代化建设的伟大实践经验，同时借鉴西方经济学的有益成分。中国特色社会主义政治经济学只能在实践中丰富和发展，又要经受实践的检验，进而指导实践。"[②]在上述讲话中，习近平总书记系统阐述了坚持发展当代中国马克思主义政治经济学的一系列重大问题，对当代中国马克思主义政治经济学的发展产生了巨大推动作用。

二、经济范畴解剖与方法逻辑

（一）经济范畴中的逻辑与历史的一致性

马克思的方法既是"从抽象上升到具体"的科学逻辑方法，也是一种逻辑和历史相一致的方法。马克思赋予这种逻辑方法以历史感，这种宏大的历史感笼罩着以主体关系为核心建立起来的历史体系。这是马克思经济学研究的重要方法论，也是其历史唯物主义形成和发展的辩证过程。按照黑格尔的理解，逻辑范畴从简单到具体的展开过程，始终与外部现实的发展进程相一致：逻辑范畴越是具体，越是接近外部现实，其发展程度也越高。那么，"这些简单的范畴在比较具体

① 习近平：《在哲学社会科学工作座谈会上的讲话》，人民出版社2016年版，第14页。
② 中共中央文献研究室编：《习近平关于社会主义经济建设论述摘编》，中央文献出版社2017年版，第331页。

的范畴以前是否也有一种独立的历史存在或自然存在呢”[①]？在马克思看来，上述命题只是在一定的限度内方能成立，要看情况作具体分析。

马克思肯定了在比较具体的范畴出现以前，在历史上就独立存在着反映简单现实经济关系的简单范畴：“例如，黑格尔论法哲学，是从占有开始，把占有看做主体的最简单的法的关系，这是对的。”[②]但是，从社会经济关系来看，“在家庭或主奴关系这些具体得多的关系之前”[③]，由于并不存在阶级、私有制、国家和法的关系，“占有并不存在”[④]。相反，如果说在原始社会中的家庭和氏族，他们还只是集体地、在没有法的关系下对自然生产条件占有和使用，而没有所有权，这倒是对的。所以，占有这种比较简单的范畴，“表现为比较简单的家庭团体或部落团体的关系”[⑤]。比较简单的范畴在比较高级的社会中，则只是“表现为一个发达的组织的比较简单的关系”[⑥]。但是不论简单的还是复杂的经济范畴，“那个以占有为关系的比较具体的基础总是前提”[⑦]。总言之，占有所有权产生并不是法的关系（可以设想有一个孤独的野人占有东西），它在所有权产生后又总是以后者为前提并发展成为一种法的关系。

总结马克思的分析，我们可以看到，简单范畴是不发展的具体中的简单经济关系的表现，且在复杂的经济范畴出现之前，是能够独立存在的。从历史发展的现实过程来看，在资本、银行、雇佣劳动等比较复杂的具体范畴存在之前，在奴隶社会和封建社会中，作为固定充当一般等价物的货币这个比

①②③④⑤⑥⑦《马克思恩格斯选集》第2卷，人民出版社2012年版，第702页。

较简单的范畴就已经存在，随着资本主义关系产生后，货币方属于资本。因此，货币一方面“表现一个比较不发展的整体的处于支配地位的关系或者一个比较发展的整体的从属关系”①，但另一方面，“在整体向着以一个比较具体的范畴表现出来的方面发展之前”②，货币在历史上已经存在。所以，在这个限度内，从货币（简单范畴）到资本（复杂范畴）的抽象思维进程符合现实的历史过程。

从抽象上升到具体的逻辑的思维进程与现实历史的发展大体是一致的，这是一方面，另一方面，又有不一致的地方。

首先，在一些地区和民族中，从货币的产生看，就有不同的历史情况。一种情况是，有产生货币的社会形式，但却不存在货币。正如马克思所列举的：“在历史上还不成熟的社会形式，其中有最高级的经济形式，如协作、发达的分工等等，却不存在任何货币，秘鲁就是一个例子。”③当时，由于秘鲁还处于不发展的奴隶制社会形式下，还没有商品生产和商品交换，因而也就没有货币。但是，由于大量使用奴隶劳动，所以，已经有了协作、发达的分工等较高级的经济形式。另一种情况是，有货币存在，但却不是产生货币的地方。如在斯拉夫公社中，已经有了货币。但是因为它处于原始社会形式下，土地为公社成员共同所有，集体劳动，产品归公社成员全体所有，所以公社内部没有商品生产和商品交换，因而也就没有产生货币的条件。它之所以存在货币，是产生在公社的边界与其他公社的交换关系中。因此，马克思在这里指出，“把同

①②《马克思恩格斯选集》第2卷，人民出版社2012年版，第702页。
③《马克思恩格斯选集》第2卷，人民出版社2012年版，第702—703页。

一公社内部的交换当做原始构成因素”①即产生的先决条件，不符合斯拉夫公社的实际情况，因而是完全错误的。相反，货币的产生，都不是产生于原始社会内部的成员间，而是产生在不同公社之间的相互交换关系中，这是货币产生初期的一般规律。

其次，货币在不同国家和不同历史时期所起的作用也有不同的情况。比如，货币虽然很早就全面地发生作用，但是，在古代，它只是在片面发展的民族即商业民族中，才是处于支配地位的因素。而在古代最文明的地方，如在古代经济文化发源地之一的希腊和罗马那里，货币的充分发展，只是在他们的解体时期。货币的充分发展，是现代资产阶级社会产生的前提，因为只有商品货币经济发展，并使大量货币集中在少数人手里，才为资本主义生产关系的产生提供前提条件。同时，货币这个十分简单的范畴，在历史上只有在最发达的社会状态下，即在资本主义状态下才显示出它支配一切的充分力量。在此之前，货币没有也不可能在一切经济中显示其充分的力量。例如，在罗马帝国最发达的时期，由于实物税和实物地租仍然是基础，没有发展到货币税和货币地租，所以货币未充分发挥其威力，而只是在军队里货币制度得到较充分的发展。因此，货币在古罗马从来没有掌握劳动的整个领域，即没有在整个社会经济中处于支配地位。

由上述情况可以看到，现实的历史发展进程，有着例外的情况。比较简单的经济范畴，虽然在历史上可以在比较具体

---

①《马克思恩格斯选集》第2卷，人民出版社2012年版，第703页。

的经济范畴之前存在，例如，货币可以在资本之前存在，但它的充分深入广泛的发展，恰恰只能属于一个复杂的社会形式，即只能在资本主义形式下，货币才能在社会经济中深入而广泛地发挥作用，而有些比较具体的经济范畴例如协作、发达的社会分工等，却在一个比较不发达的社会形式中有过比较充分的发展。

（二）经济范畴是历史关系的产物

经济范畴是客观经济关系的理论表现和存在基础，但是，并非任何发展程度的客观经济关系都能在理论上抽象出经济范畴来，只有当其发展到一定历史阶段而成熟，才能从理论上把它抽象出来。马克思在这里以“劳动”被人们抽象出来的过程，进一步论述经济范畴是历史关系的产物。

“劳动”与人类共生，是一个古老的、十分简单的范畴，但政治经济学上的“劳动一般”和产生这个简单抽象的关系一样，是资本主义比较发达时期的事情。早期的货币主义把财富视为以货币为载体的、完全客观的和与主体完全无关的“身外之物”。到了重工主义或重商主义那里，他们把财富的源泉从对象转移到主体活动，即商业劳动和工业劳动。随着资本主义经济的发展，重农学派把财富的源泉由流通领域转移到生产领域，仍将财富的对象固定在作为劳动一般成果的产品一般上，而不是将其“裹”在货币的“外衣”之中。只是到了工场手工业时期，斯密才大大地前进了一步，“他抛开了创造财富的活动的一切规定性，——干脆就是劳动，既不是工业劳动，又不是商业劳动，也不是农业劳动，而既是这种劳动，又是那种劳动"[1]。这样，就创造了财富活动的抽象一般规定性，即"劳动一般"，尽管斯密所抽象的劳动一般还只是"作为过去的、对象化的劳动"，但在马克思看来，资产阶级政治经济学家对财富源泉的探索，即从货币到具体的劳动形式再到劳动一般，把任何种类的劳动都同等看待。这样的步骤跨越得十分艰难，"只要看看连亚当·斯密本人还时时要回到重农主义，就可想见了"[2]。一方面，它具有合理性，因为劳动在一般性上作为"劳动一般"是适用于一切时代的。另一方面，它的谬误在于把劳动一般作为永恒范畴推广到全部社会形式中，忽略了全部种类的劳动在不同社会形式中的不同表现。

否定劳动一般的永恒适用性，并不意味着否定它在特定社会形式中的现实存在性。马克思认为，劳动一般不仅是由全部种类的劳动组成的一个具体总体的精神结果，而且还具有其现实性。对于任何种类劳动的同等看待，适用于劳动一般在它已经得到充分发展的社会形式。在这种社会形式中，现实的个人很容易从一种劳动转向另一种，不同种类的劳动对个人而言已成为偶然的、无差别的和可用实践来进行量化的事物。此时劳动在范畴和现实中均成了创造财富一般的手段，而不再被规定为具有同种劳动能力的个人的结合。这种情况只有在美国这个资产阶级社会的最现代存在形式中才是最发达的。只有在那里，"劳动"和"劳动一般"，"这个被现代经济学提到首位的、表现出一种古老而适用于一切社会形式的关系的最简单的抽象，只有作为最现代的社会的范畴，才在

①②《马克思恩格斯选集》第2卷，人民出版社2012年版，第704页。

这种抽象中表现为实际上真实的东西”[①]。尽管对任何种类劳动的同等看待在不同发展程度的社会形式中具有不同的属性，在美国表现为历史的产物，而在俄罗斯则表现为天生的素质，但这不能否认劳动一般在资产阶级社会的适用性，因为文明人的自主行为和野蛮人的被动适应有着质的区别，后者只有在外来的影响下才能从被固定到某种特定劳动形式的传统状态中解脱出来。

马克思得出的结论是：“劳动这个例子令人信服地表明，哪怕是最抽象的范畴，虽然正是由于它们的抽象而适用于一切时代，但是就这个抽象的规定性本身来说，同样是历史条件的产物，而且只有对于这些条件并在这些条件之内才具有充分的适用性。”[②]这是马克思对于“从抽象上升到具体的方法”中社会性和历史性特征的深刻揭示。

（三）“人体解剖”方法

马克思总体性视角立足历史维度，并未把资本主义看作天然合理之物。

马克思指出：“资产阶级社会是最发达的和最多样性的历史的生产组织。因此，那些表现它的各种关系的范畴以及对于它的结构的理解，同时也能使我们透视一切已经覆灭的社会形式的结构和生产关系。”[③]诚然，从某种意义上来讲，资产阶级社会的经济范畴的确适用于全部其他社会形式，这是由资产阶级社会自身的发展程度所决定的，它是马克思所处时代的最发达的和最具多样性的生产组织。马克思据此提出：

---

①②③《马克思恩格斯选集》第2卷，人民出版社2012年版，第705页。

“人体解剖对于猴体解剖是一把钥匙。反过来说，低等动物身上表露的高等动物的征兆，只有在高等动物本身已被认识之后才能理解。因此，资产阶级经济为古代经济等等提供了钥匙。”[①]即“人体解剖对于猴体解剖是一把钥匙”[②]这个方法论。

历史具有代际传承性，由于资产阶级社会是在之前一切已经覆灭的社会结构和生产关系的基础上建立起来的，它本身就包含着一些旧的社会形式的残片，并且那些在旧的社会形式中只是征兆的东西在这里得到充分发展。对于马克思来说，历史时间并非简单的“过去—现在—未来”的直线进步，而是呈现为一种复杂而深刻的辩证结构。所以，人们能够通过对资产阶级社会的结构及各种范围的剖析，来透视旧的社会形式中残存和未能充分发展的事物。在资产阶级政治经济学视界内来透视古代经济，绝不意味着可以将资产阶级的各种经济范畴当成永恒观念而适用于一切社会形式，从而抹杀了一切历史差别。

事实上，不同社会形式中的在概念用语上相同的经济范畴，在历史与现实中还是存在本质差别的。比如，我们可以通过考察地租来理解代役租和什一税，但却不能就此将他们等同起来，因为它们所反映的生产关系有本质的不同。

马克思进一步指出，只有在资本主义基本矛盾充分暴露时，才能理解过去的社会形式。因为资产阶级社会本身是以生产资料私有制为基础的一种阶级对抗的社会关系，所以，诸

①②《马克思恩格斯选集》第2卷，人民出版社2012年版，第705页。

如封建社会存在的人身依附、地租关系、商品交换等早期形式的各种关系，虽然在资本主义社会还会留存着残片，但是，“在它里面常常只以十分萎缩的或者完全歪曲的形式出现”[①]。因此，“如果说资产阶级经济的范畴适用于一切其他社会形式这种说法是对的，那么，这也只能在一定意义上来理解”[②]。

由此，即使资产阶级社会存在例如商品、货币等经济范畴在形式上也适用于奴隶社会、封建社会的商品、货币形式，但这些范畴也只能是“在发展了的、萎缩了的、漫画式的种种形式上，总是在有本质区别的形式上”[③]。因为经济范畴是一定的社会经济关系的反映，不可能无差别地反映一切经济形式。所谓的“历史发展”总是建立在用新的形式来理解旧形式进而进行自我批判的基础上，“最后的形式总是把过去的形式看成是向着自己发展的各个阶段，并且因为它很少而且只是在特定条件下才能够进行自我批判——这里当然不是指作为崩溃时期出现的那样的历史时期——，所以总是对过去的形式作片面的理解”[④]。基督教自由在自我批判的基础上，而不只是在对异教的批判或者新教批判旧教的前提下，才能实现对早期神话的客观理解。

要达到对历史的“客观理解”，必须对现代社会有一种“自我批判”。没有对现代社会的正确反思和自我批判，最后的结果也不可能达到对历史的正确理解，因为前提是错误的，由此推出的结论也必然是错误的。资产阶级政治经济学的建构亦是如此，它不只是在批判与之直接对立的封建经济的前提下，

①②③④《马克思恩格斯选集》第2卷，人民出版社2012年版，第706页。

更不是以编造神话的方式与过去的经济形式完全等同起来，而是以自我批判为起点来理解封建的、古代的和东方的经济。因此，对上述问题的分析说明，借助于对资产阶级经济的剖析有助于对过去社会经济的理解，也不是在资本主义发展的任何阶段都能做到，在历史条件尚未充分具备时，是不可能达到的。

（四）“普照的光”方法

经济范畴在特定经济形式中具有适用性，同时，正确理解同一经济范畴在不同社会形式中的地位也是政治经济学研究方法中的重要内容。政治经济学对象的“结构”具有社会性和历史性规定。

马克思指出，在运用“从抽象上升到具体”的方法研究经济范畴的发展次序时，如同研究任何历史科学、社会科学时一样，“无论在现实中或在头脑中，主体——这里是现代资产阶级社会——都是既定的”[①]，因为这里的经济范畴只是表现资本主义社会存在形式、存在规定，因此，资本主义社会“这个一定社会在科学上也决不是在把它当做这样一个社会来谈论的时候才开始存在的”[②]。这是因为，作为资本主义社会是客观存在的现实，并非研究它的时候才存在。

所以，资产阶级政治经济学体系的建立必须以资本主义社会这一主体的客观存在为前提，如果抛却研究主体来安排经济范畴的次序，从地租开始，从土地所有制开始，这样的安排是最错误不过的了，因为，“在一切社会形式中都有一种一

①②《马克思恩格斯选集》第2卷，人民出版社2012年版，第706页。

定的生产决定其他一切生产的地位和影响，因而它的关系也决定其他一切关系的地位和影响。这是一种普照的光，它掩盖了一切其他色彩，改变着它们的特点。这是一种特殊的以太，它决定着它里面显露出来的一切存在的比重"[①]。在资本主义社会中，这种占支配地位的生产和生产关系，就是剩余价值的生产和资本家剥削和压迫雇佣工人的资本关系，它决定着农业、商业、信贷等一切生产和生产关系的地位、性质和作用。因此，从地租开始，甚至从资本主义地租开始，都不能反映资本主义社会占支配地位的剩余价值生产和资本关系的本质，因为资本主义地租只是反映资本关系的派生形式，它的性质和作用是由资本关系决定的。

从上述方法论出发，来审视部分资产阶级政治经济学中以地租或土地所有制为起点的做法，从表面上看，这是一个合乎逻辑的起点，因为它同其他一切生产和存在的源泉结合在一起，又与农业这一社会的最初生产形式结合在一起——这样的思考方式实质上是再错误不过的了。在游牧民族社会、封建社会以及资本主义社会中，农业的具体形式、历史地位和社会作用有着质的差别与不同。比如畜牧业居于主导地位的游牧民族社会的斯拉夫公社，在那里，农业生产活动按照畜牧业的方式进行，土地所有权带有畜牧业生产方式的性质。同样的，在农业起决定性作用的从事定居耕作民族的古代社会和封建社会中，如古罗马社会和欧洲中世纪社会，土地所有权发挥着根本性作用，商业和工业所有权形式多少都带有土地

①《马克思恩格斯选集》第2卷，人民出版社2012年版，第707页。

所有权的性质，表现为工业完全附属于农业，或者城市中的工业组织及其社会关系模仿着乡村的组织。到了资本支配一切经济权利的资产阶级社会中，工业或大工业生产已经成为支配整个社会生产的主导力量，农业逐渐变成一个完全由资本支配的工业部门。地租和土地所有权也不例外。不懂资本便不懂地租，不懂地租却完全可以懂资本。“在土地所有制处于支配地位的一切社会形式中，自然联系还占优势。在资本处于支配地位的社会形式中，社会、历史所创造的因素占优势。”[1]

根据上述的分析，马克思总结说：“因此，把经济范畴按它们在历史上起决定作用的先后次序来排列是不行的，错误的。它们的次序倒是由它们在现代资产阶级社会中的相互关系决定的。”[2]以资本关系为主导，就必须把资本放在地租、土地所有制之前来安排经济范畴的次序。当然，按照资本关系来安排这样的经济范畴体系，看来是合乎自然次序，或者同符合历史发展次序的东西恰好相反的。但是，问题不在于各种经济关系在不同社会形式相继更迭的序列中，在历史上占有什么地位，更不在于它们在蒲鲁东的观念上的次序，而在于各种经济范畴在现代资产阶级社会内部结构中占有何种地位。在资本主义社会只有资本关系居于支配地位，因此必须始终围绕资本关系这个轴心，资本必须成为起点又成为终点，这是和资本主义内部的结构完全符合的。

马克思还以古代商业民族中的商业资本和货币资本（高利贷资本）以及股份公司、国民财富等经济范畴为例，进一步

① 《马克思恩格斯选集》第2卷，人民出版社2012年版，第707页。
② 《马克思恩格斯选集》第2卷，人民出版社2012年版，第708页。

说明了同一范畴在不同的社会阶段有不同的地位。例如古代世界中的商业民族，在古地中海沿岸从事商业的腓尼基人、迦太基人所表现的单纯性即从属性，正是由农业民族占优势这种情况决定的。作为商业资本和货币资本的资本，在资本还没有成为社会的支配因素的地方，正是在这种从属性中表现出来。从事商业活动的伦巴第人和犹太人，在以农业为主的中世纪封建社会中，也是处于从属的地位。还有一个例子可以说明同一经济范畴在不同社会阶段有不同的地位，这就是资产阶级社会的最新形式之一：股份公司。它在发展的资本主义社会中占据了统治地位。但是，它在资本主义社会初期，并不居统治地位，而只是以拥有特权的、有垄断权的大商业公司的形式出现，不可能在整个社会经济中处于支配地位。

国民财富这个经济概念，其实也是在几个社会形式下都存在的范畴，并反映着不同社会形式下特定的经济关系。但是，资产阶级经济学家，如“17世纪经济学家无形中是这样接受国民财富这个概念的，即认为财富的创造仅仅是为了国家，而国家的实力是与这种财富成比例的”[①]。这样，财富的社会性质、国家的阶级内容被无形中抽掉了，被看成是超历史的东西。这种观念一直到18世纪还在资产阶级经济学家中部分地保留着。这种观念在最初还是不自觉的伪善形式，即掩盖其阶级实质的辩护形式。在这种形式下，财富本身和财富的生产，就被说成是现代资产阶级国家的目的，而把资产阶级国家看成只是生产财富的手段，这显然是十分荒谬的。因为在资

①《马克思恩格斯选集》第2卷，人民出版社2012年版，第708页。

本主义条件下，所谓国民财富，并非属于一切国民所有，而主要为资产阶级占有；财富的生产，不是主要为国家，而主要是为资产阶级，即资产阶级通过生产榨取工人创造的剩余价值而增大他的资本财富，资产阶级国家只是资产阶级用来保护它榨取和压迫工人的工具。

上述几个经济范畴例子的分析说明，它们在不同社会的不同经济结构中有着不同的性质和不同的地位。如果离开不同的社会阶段，就不可能正确理解这些经济范畴的地位和作用。同时，这些经济范畴在资本主义以前就存在，甚至像商业资本和高利贷资本还是资本主义产业资本产生的重要条件和杠杆，如果单纯按照历史的顺序来安排这些经济范畴的次序，而不是把它们放在资本主义关系下来研究和安排，就不可能正确把握资本主义生产方式的本质，更不会建立起反映资本主义生产关系的本质及其发展规律的科学理论体系。

知识链接 ……………………………………………………………

★ 政治经济学是一门历史科学 ★

人们在生产和交换时所处的条件，各个国家各不相同，而在每个国家里，各个世代又各不相同。因此，政治经济学不可能对一切国家和一切历史时代都是普适的。从弓和箭，从石刀和仅仅是例外地出现的野蛮人的交换往来，到上千马力的蒸汽机，到机械织机、铁路和英格兰银行，有一段很大的距离。火地岛的居民没有达到进行大规模生产和世界贸易的程度，也没有达到出现票据投机或交易所破产的程度。谁要想把火地岛的政治经济学和现代英国的政治经济学置于同一规律之下，那么，除了最陈腐的老生常谈以外，他显然不能揭示出任何东西。因此，政治经济学本质上是一门历史的科学。它所涉及的是历史性的即经常变化的材料；它首先研究生产和交换的每个个别发展阶段的特殊规律，而且只有在完成这种研究以后，它才能确立为数不多的、适用于生产一般和交换一般的、完全普遍的规律。同时，不言而喻，适用于一定的生产方式和交换形式的规律，对于具有这种生产方式和交换形式的一切历史时期也是适用的。

延伸阅读

1. 习近平：《在哲学社会科学工作座谈会上的讲话》，人民出版社2016版。

2. 张一兵：《回到马克思：经济学语境中的哲学话语》，江苏人民出版社2014年版。

3. [德]黑格尔：《小逻辑》，贺麟译，商务印书馆2019年版。①

深度思考

1.《导言》提供了哪些研究立场和方法论上的遵循？

2.《导言》中所体现的生产与消费的辩证统一对我们有什么启示？

① 本书为黑格尔代表作，形而上学和辩证法发展的高峰，马克思的唯物辩证法的直接来源，亦是读者挑战自我的学习佳作。——编者注

第四章

理论意义与历史意义

一、研究政治经济学的基本原则

在《导言》中，马克思开宗明义，提出“摆在面前的对象，首先是物质生产”[1]。物质生产是马克思政治经济学研究的出发点，这里所说的“物质生产”并非一般意义上的“物质资料生产”，这里的“物质”是哲学意义上相对于“精神”的客观存在，“物质生产”指的是人类与客观世界之间的能动的交换，这种物质交换的方式即“生产方式”，包括人与人的社会方式和人与自然的自然方式。对“物质生产”这一研究对象的确立与强调既是对资产阶级政治经济学家们企图把资产阶级利己主义者说成是人类的天然本性，把要求个性解放和自由竞争的资产者说成是自然造成的理想的人的思想的批判，也是对脱离社会的“孤立的个人”和“孤立的个人的生产”的批判。

然而，“说到生产，总是指在一定社会发展阶段上的生产——社会个人的生产”[2]，人类的生产，从来都是立足于社会形式下进行的各个历史阶段的生产，所以，政治经济学对生产的研究，不是作抽象的考察，而是全面地把历史过程在它各个发展阶段上的各种生产关系一一加以考察，从而抽象出“生产一般”。但是，“生产一般”仅仅是个抽象，它不仅存在于各种不同社会的生产之中，而且它不能代替或抹杀不同社会生产的本质差别。在不同社会生产关系下的社会生产，各自都有区别于其他社会生产的特殊性质和特殊规律。生产一般和特殊生产本身就相互矛盾，它们是共性与个性的关系，没有生产

---

①《马克思恩格斯选集》第2卷，人民出版社2012年版，第683页。

②《马克思恩格斯选集》第2卷，人民出版社2012年版，第685页。

一般即生产的共同的一般规定性，任何生产都无从设想，并且，离开具体的、特殊的生产方式，抽象的生产也是不存在的。因此，既要看到一般，更要注意特殊，决不能因为有共同点，就忽视甚至抹杀不同社会生产本身所具有的特殊性质。资产阶级庸俗经济学家正是离开特定的生产条件来空谈“生产一般”和“一般的生产条件”，从而看不到资本主义生产同其他社会生产的本质差别，并把资本主义生产永恒化。所以，考察政治经济学的研究对象，必须与考察政治经济学的研究方法统一起来，不能把生产力与生产关系割裂开，不能把生产的社会形式与自然形式割裂开，不能把生产过程中人与人的社会关系与人与人的相互作用关系割裂开，不能把对经济基础的分析与上层建筑的考察割裂开，而应在生产力与生产关系的辩证统一中，在人与自然同人与人的社会关系的辩证统一中，在经济基础与上层建筑的辩证统一中展开政治经济学的分析。

对政治经济学对象的界定，与当今中国特色社会主义政治经济学的研究与发展息息相关。新时代中国特色社会主义政治经济学的价值立场在于坚持马克思的辩证唯物史观。因为马克思主义理论的科学性和革命性源于辩证唯物主义与历史唯物主义的科学世界观和方法论。中华人民共和国成立70多年来，特别是改革开放40多年来，中国共产党人始终以解放和发展生产力作为坚持和完善基本经济制度的根本目的及检验标准。

中华人民共和国成立初期，毛泽东多次号召全党，联系中国社会主义经济革命和经济建设去读斯大林的《苏联社会主义经济问题》和苏联《政治经济学》教科书，提出“社会主义革命的目的是为了解放生产力”[1]，并强调，政治经济学研究的对象主要是生产关系，但是要研究清楚生产关系，就必须一方面联系生产力，另一方面联系上层建筑对生产关系的积极作用和消极作用。

改革开放初期的中国，经济发展水平处于低水平、低收入的阶段，社会主要矛盾是人民日益增长的物质文化需要和落后的社会生产之间的矛盾，而产生矛盾的主要原因在于落后的生产力水平大大地限制了社会主义制度优越性的显现。贫穷不是社会主义，克服马尔萨斯陷阱，迅速提高生产力发展水平，成为发展的关键。为此，邓小平同志立足社会主义初级阶段，从和平与发展的时代高度阐明改革开放的基本国策，并指出，“社会主义基本制度确立以后，还要从根本上改变束缚生产力发展的经济体制，建立起充满生机和活力的社会主义经济体制，促进生产力的发展，这是改革，所以改革也是解放生产力”[2]。正因如此，坚持解放和发展生产力原则是正确认识我国改革实践的关键，是评价改革效果的根本标准。

在党的十九大报告中，习近平总书记再次强调，解放和发展社会生产力，是社会主义的本质要求。我们要激发全社会的创造力和发展活力，努力实现高质量、更有效、更加公平、更可持续的发展。可见，坚持解放和发展生产力是马克思政治经济学的基本原则，也是中国特色社会主义政治经济学必须贯彻的基本方法。所以，在建设社会主义现代化国家的“十四

①《毛泽东文集》第7卷，人民出版社1999年版，第1页。
②《邓小平文选》第3卷，人民出版社1993年版，第370页。

五”时期，我们要以发展先进生产力为导向，坚持党的领导、坚持新发展理念、坚持系统观念，“着力提高供给体系质量和效率，增强经济持续增长动力”①，为开启全面建设社会主义现代化国家新征程奠定坚实基础。

二、推进社会经济发展的理论指南

人类社会的物质资料生产和再生产过程，由生产、分配、交换、消费四个环节构成，这四个方面的社会关系密切相连，构成社会生产关系。在《导言》“2.生产与分配、交换、消费的一般关系”一节中，马克思充分运用唯物史观，全面而深刻地论述了生产与分配、交换、消费的辩证关系，从而进一步阐明了政治经济学的对象——社会生产关系的内容及其相互关系。同时，马克思批判资产阶级庸俗经济学抽掉社会生产关系，将生产、交换、消费、分配四个环节彼此割裂、并列起来的肤浅看法，并总结道：“我们得到的结论并不是说，生产、分配、交换、消费是同一的东西，而是说，它们构成一个总体的各个环节，一个统一体内部的差别。”②

事实上，对于社会再生产过程四个环节及其相互关系的考察，既要从物质内容上来考察，又要从社会生产关系上来考察。因为任何社会的再生产都是物质资料的再生产和生产关系的再生产的统一。资产阶级政治经济学的错误正在于完全抛却生产关系，抽象地空谈生产、交换、消费、分配，以此掩盖

① 中共中央党校（国家行政学院）：《习近平新时代中国特色社会主义思想基本问题》，中共中央党校出版社、人民出版社2020年版，第204页。

②《马克思恩格斯选集》第2卷，人民出版社2012年版，第699页。

资本主义生产和再生产的剥削关系的本质。并且,马克思关于生产决定分配、交换、消费以及分配、交换、消费反作用于生产的理论告诉我们:这四个环节辩证统一、互相依存、互为条件,构成一个再生产过程的统一体。所以,在社会主义再生产过程中,必须全面地安排好四个环节的关系,忽视或者偏废任何一个环节,必然使再生产过程受到损失和破坏。

在我国社会主义再生产过程中,只有遵循生产起决定作用的原理,才能安排好以生产力为导向的社会主义再生产四个环节的关系,进而促进社会主义经济按比例协调发展,加速实现社会主义现代化进程。改革开放40多年来,中国经济以年均近10%的速度增长,已由低收入国家进入中上等收入国家的行列,正在向高收入国家迈进。但也积累了大量结构性、体制性的矛盾和问题。区域经济发展水平不平衡、不充分,实体经济质量不强,创新型国家建设支撑不够,等等问题突出。

诚然,在落后的社会生产力的背景下,追求经济高速增长,形成赶超型的经济模式有其历史的合理性,但当人民日益增长的美好生活需要和不平衡、不充分的发展之间的矛盾转化为主要矛盾的情况下,就必须改变过去的经济发展模式,把经济发展转到提高质量上来。党的十九大报告中指出:“我国经济已由高速增长阶段转向高质量发展阶段,正处在转变发展方式、优化经济结构、转换增长动力的攻关期,建设现代化经济体系是跨越关口的迫切要求和我国发展的战略目标。”①这就要求我们主动求变,在新发展理念指导下,加快转变经济

①《习近平谈治国理政》第3卷,外文出版社2020年版,第23页。

发展方式，建立与高质量发展相适应的现代经济体系、宏观调控体系以及政策协同体系，推动我国经济不断提质增效升级，跨越转方式、优结构、转动力的关口，努力使我国经济实现“增长速度要从高速转向中高速，发展方式要从规模速度型转向质量效率型”[①]发展。

在充分肯定生产起决定作用，加快经济发展的同时，也要对分配、消费对生产的作用予以高度重视。在《导言》中，马克思明确指出：“分配关系和分配方式只是表现为生产要素的背面。个人以雇佣劳动的形式参与生产，就以工资形式参与产品、生产成果的分配。分配的结构完全决定于生产的结构。”[②]生产的结构决定分配的结构，生产条件的分配属于生产本身，它决定产品的分配。但是，这只是就产品的分配而言。生产资料所有制关系本身也是一种特殊的分配方式。“它是（1）生产工具的分配，（2）社会成员在各类生产之间的分配（个人从属于一定的生产关系）——这是同一关系的进一步规定。”[③]由此可见，资本主义所有制关系决定了生产的结构，进而决定产品的分配结构。

马克思的分配的基本原理，为中国特色社会主义政治经济学分析分配关系、解决重大分配问题提供了重要的方法论原则。我国在改革开放以前，实行单一的“按劳分配”方式，生产资料绝大部分掌握在国家或集体手中，个人不能凭借非劳

① 中共中央宣传部编：《习近平新时代中国特色社会主义思想学习纲要》，学习出版社、人民出版社2019年版，第112页。

②《马克思恩格斯选集》第2卷，人民出版社2012年版，第695页。

③《马克思恩格斯选集》第2卷，人民出版社2012年版，第696页。

动要素获得收入，高度集中的计划经济严重影响了国民经济的发展。改革开放以后，随着社会主义市场经济体制的建立和逐步完善，我国的个人收入分配制度也不断改革和完善。当前，我国已建立同现阶段所有制结构相适应的以按劳分配为主体、多种分配方式并存的分配制度，基本建立起劳动、资本、技术、管理等生产要素按贡献参与分配的制度。十九届四中全会更是把以按劳分配为主体、多种分配方式并存的分配制度作为中国特色社会主义基本经济制度的有机组成，表明我们党对分配原则认识的深化。纵观我国分配理论的发展演变，在始终坚持马克思社会主义分配理论的基础上，结合中国经济体制改革的实践，已经形成了一套有中国特色的社会主义初级阶段分配理论。

分配和生产如同一枚硬币的两面，是资源配置不可分割的两个方面。新时期，我们既要强调收入分配制度和基本经济制度的统一，坚持马克思主义生产决定分配、生产关系决定分配关系的立场和方法，把生产方式和分配方式作为不可分割的统一体，也要强调把蛋糕做大与蛋糕分好的历史统一，坚持效率与公平统一，反对平均主义，坚持用历史唯物主义的观点把握发展和分配的关系。

消费是社会再生产的一个重要环节，消费关系构成社会的内容之一。在《导言》中，马克思论述了生产和消费对立统一的辩证关系，阐述了生产决定消费的原理。“生产直接是消费，消费直接是生产。每一方直接是它的对方。”[①]生产和消费

①《马克思恩格斯选集》第2卷，人民出版社2012年版，第691页。

互为媒介、互相依存。而后，马克思运用唯物辩证法，对生产与消费之间的矛盾性作了深刻的分析和论述，指出生产决定分配。“无论我们把生产和消费看做一个主体的活动或者许多个人的活动，它们总是表现为一个过程的两个要素，在这个过程中，生产是实际的起点，因而也是起支配作用的要素。”[①]居民消费是生产的最终目的，是幸福生活的源泉，因而是经济发展的永恒和不竭的动力。

当前我国消费市场整体趋向良好，对经济的拉动潜力大；居民消费需求不断升级，新型消费增长势头强劲，经济增长步入以消费为主导，消费、投资、出口协调拉动的新阶段。这就要求我们不断促进居民消费，做到藏富于民，让人民成为收入和财富的持有主体；优化消费环境，提供更加丰富、更加多样化的消费选择。建立安全、透明、规范和低交易成本的消费市场；培育信息消费、高端消费、老年人消费等新消费热点，为我国产业转型升级提供导向和动力。

知识链接

★《决胜全面建成小康社会　夺取新时代中国特色社会主义伟大胜利》（节选）[②] ★

深化供给侧结构性改革。建设现代化经济体系，必须把发展经济的着力点放在实体经济上，把提高供给体系质量作为主攻方向，

①《马克思恩格斯选集》第2卷，人民出版社2012年版，第694页。

② 习近平：《决胜全面建成小康社会　夺取新时代中国特色社会主义伟大胜利》，人民出版社2017年版，第30—31页。

显著增强我国经济质量优势。加快建设制造强国,加快发展先进制造业,推动互联网、大数据、人工智能和实体经济深度融合,在中高端消费、创新引领、绿色低碳、共享经济、现代供应链、人力资本服务等领域培育新增长点、形成新动能。支持传统产业优化升级,加快发展现代服务业,瞄准国际标准提高水平。促进我国产业迈向全球价值链中高端,培育若干世界级先进制造业集群。加强水利、铁路、公路、水运、航空、管道、电网、信息、物流等基础设施网络建设。坚持去产能、去库存、去杠杆、降成本、补短板,优化存量资源配置,扩大优质增量供给,实现供需动态平衡。激发和保护企业家精神,鼓励更多社会主体投身创新创业。建设知识型、技能型、创新型劳动者大军,弘扬劳模精神和工匠精神,营造劳动光荣的社会风尚和精益求精的敬业风气。

三、考察社会历史的独特方法

恩格斯指出:“马克思的整个世界观不是教义,而是方法。它提供的不是现成的教条,而是进一步研究的出发点和供这种研究使用的方法。”[1]方法是理论的先导,研究方法是一切科学研究的前提。可以看到,马克思的经济学研究之所以能够超越资产阶级经济学,根源在于他特有的方法论。在《导言》中,马克思介绍了研究政治经济学以及考察和研究社会历史相关的方法论,对我们学习中国特色社会主义政治经济学,理解中国经济发展,具有十分重要的意义。

第一,马克思介绍了“从抽象上升到具体”的方法。马克

①《马克思恩格斯选集》第4卷,人民出版社2012年版,第664页。

思指出:“从抽象上升到具体的方法,只是思维用来掌握具体、把它当做一个精神上的具体再现出来的方式。”[①]也就是说,从抽象上升到具体的方法,就是人们运用思维抽象力,从客观事物本身的最简单的关系入手,去分析和掌握事物的本质和规律性,并在思维中把它综合成为一种观念上的有机整体,在理论上把它再现出来或表述出来的方式。从抽象上升到具体的叙述方法的创立,是马克思运用辩证唯物主义和历史唯物主义批判资产阶级唯心主义和形而上学,特别是对黑格尔唯心主义辩证法批判改造的结果。

这一方法,自始至终以辩证唯物主义为理论基础,作为上升起点的简单的规定的抽象,不是从观念上的范畴和抽象的原理出发,而是从剖析客观实在的资本主义经济制度出发,占有充分的确切的实际材料,分析资本主义经济各种发展形式及其借以统一起来的共同的基础因素,从而得到作为资本主义经济细胞的商品价值关系这个一般的抽象的规定。马克思强调,这绝不是脱离现实和凌驾于现实的自我思维过程,而完全是以客观实在的具体事物为基础和来源,并且只是对客观具体整体的抽象概括和反映;更不是思维创造客观实在具体整体的过程。

在中国经济步入新常态的背景之下,我们同样要以辩证唯物主义和历史唯物主义为指导,既要以史为鉴、知古鉴今,不断提高历史思维能力,运用历史眼光认识发展规律,把握前进方向;也要善于抓住本质、把握规律,善于统筹协调,保持战略定力,多做标本兼治工作,注意把握好工作的度,推动经济

①《马克思恩格斯选集》第2卷,人民出版社2012年版,第701页。

持续健康发展；更要立足当下，从社会主义经济制度本身，特别是我国客观经济关系实际出发，坚持问题导向与目标导向相结合。只有这样才能真正揭示社会主义生产关系的本质和运动规律，建立起反映社会主义生产关系这个丰富整体的科学理论体系。

第二，马克思介绍了“普照的光”方法。在阐明“从抽象上升到具体”的科学方法，以及这种方法的逻辑思维与现实的历史发展进程大体一致后，马克思指出，政治经济学要研究和反映资本主义社会的经济关系，必须以资本主义社会这个主体的客观存在为前提和基础，并完全按照它本身内在的本质关系去安排反映这个主体经济关系的各种经济范畴的发展次序，才能建立反映资本主义生产关系的政治经济学的体系。“在一切社会形式中都有一种一定的生产决定其他一切生产的地位和影响，因而它的关系也决定其他一切关系的地位和影响。这是一种普照的光，它掩盖了一切其他色彩，改变着它们的特点。这是一种特殊的以太，它决定着它里面显露出来的一切存在的比重。”[1]

任何社会都存在一种包含自身特有的东西和以往社会残片、因素和新生因素的存在，它使社会各种关系和要素都从属于自己，并决定着各种社会关系和要素在社会整体结构中的地位及其相互关系。这种占支配地位的生产关系就是该社会的“普照的光”。在资本主义社会中，只有资本关系居于支配地位，因此必须始终围绕资本关系这个轴心，资本必须成为起

①《马克思恩格斯选集》第2卷，人民出版社2012年版，第707页。

点又成为终点，这是和资本主义内部的结构完全符合的。一定的所有制是一定社会经济制度的基础。生产资料公有制是社会主义的任务和实现目的的基础。坚持公有制为主体，是社会主义的制度规定，也是社会主义经济制度的重要内容。

中华人民共和国成立70多年，中国经济取得了举世瞩目的成就，被誉为“中国奇迹”，当代中国赶超战略的成功，靠的是围绕“坚持公有制为主体和国有经济为主导”这一“普照的光”。不断突破制度障碍，推进社会生产力发展。鼓励、支持、引导多种所有制经济健康发展，从而打破了限制非公有制发展的意识形态藩篱，同时促使了公有制经济向重要行业和关键领域的集中。既利用国家手中规模巨大的国有经济，主导超高的资本积累和基础设施投资，又利用日益完善的市场机制，最大限度动员国内、国际多种所有制成分的投资积极性，实现赶超的经济增长。未来，我们仍需毫不动摇地巩固和发展公有制经济，坚定不移深化国有企业改革，保障我国市场经济的社会主义性质，实现社会主义与市场经济二者优越性的有机结合。

四、构建中国特色社会主义政治经济学的方向指引

建设和发展中国特色社会主义政治经济学，并用以指导中国经济实践和发展，是关系我国改革发展和现代化经济建设方向的重大问题。党的十八大以来，习近平总书记高度重视马克思主义政治经济学，多次就坚持和发展马克思主义政治经济学作出重要论述，并发出“把实践经验上升为系统化的经济学说，不断开拓当代中国马克思主义政治经济学新境界，

为马克思主义政治经济学创新发展贡献中国智慧”[①]的历史呼唤与时代呼唤。新时代中国经济的发展，仍要立足马克思经典著作资源，构建符合中国经济发展实际的中国特色社会主义政治经济学。

《导言》是开启马克思政治经济学探索的奠基之作，是研究马克思思想发展、领悟马克思思想力量的重要理论“档案”。概括地说，在《导言》中，马克思主要阐述以下几个方面的问题：一是确立政治经济学的研究对象——人类社会各个发展阶段上的生产关系；二是分析人类社会的物质资料生产和再生产过程，即生产与分配、消费、交换之间的关系；三是对政治经济学方法作出科学的论述。《导言》中焕发的理论智慧和思想力量，对我们建设“系统化的经济学说”，构建中国特色社会主义政治经济学具有重要的方法论意义。

第一，从方法论的创新开始，重新构建中国特色社会主义政治经济学的理论范式和逻辑起点。在《导言》中，马克思介绍了抽象与具体、逻辑与历史、分析与综合等方法，对于考察社会历史具有独特的价值。中国特色社会主义政治经济学的构建要回溯中国现代历史的演变逻辑。中华人民共和国成立以来，我国通过政治革命建立起一定的上层建筑，即新民主主义性质的国家，进而建立社会主义的生产关系，并以这种独特的路径去发展中国的社会生产力。

经过70多年的不懈奋斗，中国共产党领导中国人民取得了举世瞩目的成就，绘就了气势恢宏的历史画卷。究其根本，

① 中共中央党史和文献研究院编：《十八大以来重要文献选编》（下），中央文献出版社2018年版，第7页。

在于中国特色社会主义政治经济学的创新与发展，以历史唯物主义理论的科学认识为前提，不断突破照搬历史唯物主义的传统分析范式和方法，从近代以来的世界体系对中国社会发展轨迹的影响中汲取宝贵经验，作为创建中国经济理论的出发点。新时代中国特色社会主义政治经济学的发展，仍要坚持科学抽象方法的性质和主要内容，坚持逻辑与历史相统一的方法论原则。

正如恩格斯所说的，历史从哪里开始，思想进程就应该从哪里开始。这就要求我们准确把握政治经济学所关注的研究对象。在《导言》开篇，马克思指出，“摆在面前的对象，首先是物质生产”[1]。一定社会性质的生产是政治经济学的出发点。这就要求我们不仅要侧重对当代中国生产力的研究，也要从发展生产力的视角研究生产关系。任何具体事物都是“一个具有许多规定和关系的丰富的总体”[2]，如果我们对它没有足够了解，那么它只是“关于整体的一个混沌的表象”[3]。因此，我们既要对中国经济运行现象进行深入分析，作出理论上的科学抽象，也要对科学的思想方法和工作方法进行深度总结，提高驾驭经济改革发展复杂局面的能力。

第二，立足社会主义初级阶段的国情实际，构建具有中国特色、中国风格、中国气派的社会主义政治经济学。在《导言》中，马克思向我们指明，同一经济范畴在不同社会阶段有不同的地位，它们在不同社会的不同经济结构中有着不同的性质和不同的地位。如果离开不同的社会阶段，就不可能正确理

①《马克思恩格斯选集》第2卷，人民出版社2012年版，第683页。

②③《马克思恩格斯选集》第2卷，人民出版社2012年版，第700页。

解这些经济范畴的地位和作用。事实上，从资本主义社会的角度来看，如果单纯按照历史顺序来排列经济范畴的次序，而不是把它们放在资本主义关系下来研究和安排，就不可能正确把握资本主义生产方式的本质，更不会建立起反映资本主义生产关系的本质及其发展规律的科学理论体系。

中国政治经济学的构建，同样应该扎根中国经济建设的实际、中国经济改革的实践。中国特色社会主义进入了新时代，这是党作出的重大政治判断。这一判断基于时代趋势和国际局势的重大变化，基于世情、国情、党情的深刻变化。这意味着中国正处于承前启后、继往开来的关键时期，明确科学发展的指导原则至关重要。中国特色社会主义政治经济学理论体系是一个兼容并包、海纳百川、博采众长的开放体系。我们要立足中华五千年文明史，中华五千年文明所积淀下来的对于中国人在哲学思维、价值偏好、行为目标、约束条件等方面的微观作用，以及在制度文化方面的宏观影响，恰恰是“中国特色”的重要构成。中国政治经济学也要与时俱进，总结提炼改革开放的伟大实践，从体制机制角度分析中国政府推动经济发展的内在机理及其丰富的理论意义。也只有通过总结概括，提炼升华，探索其中规律，从而上升为“系统化的经济学说”，这样才能建构起科学的中国的马克思主义政治经济学，才能阐释中国道路的成功。

知识链接

★ 新发展阶段 ★

新发展阶段，就是全面建设社会主义现代化国家、向第二个百年奋斗目标进军的阶段。现代化是生产力发展的客观要求，是人类社会发展的必然趋势。但是，世界上不存在一成不变的现代化模式，也不存在放之四海而皆准的现代化标准。我们所推进的现代化，具有中国特色，是中国式现代化，是社会主义现代化。我国的社会主义现代化是人口规模巨大的现代化，是全体人民共同富裕的现代化，是物质文明和精神文明相协调的现代化，是人与自然和谐共生的现代化，是走和平发展道路的现代化。

进入新发展阶段，国内外环境正在发生深刻复杂的变化，我们面临着新的机遇和挑战。从国际看，世界百年未有之大变局加速演变，国际环境日趋错综复杂。从国内看，我国已转向高质量发展阶段，制度优势显著，治理效能提升，经济长期向好，物质基础雄厚，人力资源丰富，市场空间广阔，发展韧性强劲，社会大局稳定，继续发展具有多方面优势和条件。同时，我国也面临不少困难和挑战，发展不平衡、不充分问题仍然突出，重点领域关键环节改革任务仍然艰巨，创新能力不适应高质量发展要求，农业基础还不稳固，城乡区域发展和收入分配差距较大，生态环保任重道远，民生保障存在短板，社会治理还有弱项。

新发展阶段的战略部署催人奋进。要全面贯彻党的基本理论、基本路线、基本方略，统筹推进经济建设、政治建设、文化建设、社会建设、生态文明建设的总体布局，协调推进全面建设社会主义现代化国家、全面深化改革、全面依法治国、全面从严治党的战略布局，坚定不移贯彻创新、协调、绿色、开放、共享的新发展理念，坚持稳中求进工作总基调，以推动高质量发展为主题，以深化供给侧结构性改革为主线，以改革创新为根本动力，以满足人民日益增长的美好生活需要为根本目的，统筹发展和安全，加快建设现代化经济体系，加快构建以国内大循环为主体、国内国际双循环相互促进的新发展格局，推进国家治理体系和治理能力现代化，实现经济行稳致远、社会安定和谐，奋力夺取全面建设社会主义现代化国家新胜利。

延伸阅读

1. 习近平：《不断开拓当代中国马克思主义政治经济学新境界》，中共中央党校（国家行政学院）《十八大以来重要文献选编》（下册），中央文献出版社2018年版。

2. 顾海良：《政治经济学对象：从〈导言〉到中国特色"系统化的经济学说"》，《山东社会科学》2017年第1期。

深度思考

1. 结合《导言》，谈谈如何学好、用好新时代中国特色社会主义政治经济学？

2. 为什么说《导言》实现了对政治经济学的彻底变革？

后 记

在写作“大家写小书·马恩经典著作新读”丛书第一辑之一的《资本主义经济关系的深刻揭示:〈雇佣劳动与资本〉新读》后,董振华主编邀请我参与撰写第二辑,这是一种信任,也是我的一种责任,特别是第一辑获奖后,更感到荣幸和激励。

习近平总书记指出,“学习理论最有效的办法是读原著、学原文、悟原理,强读强记,常学常新”①。我算不上大家,但是在与青年学生交流过程中确实感觉到,由于生活在快节奏的信息时代,学生对于原著的学习有所忽视,红旗出版社出版“大家写小书·马恩经典著作新读”丛书确实很有针对性、时代性。

我承担的《〈政治经济学批判〉导言》是政治经济学批判“总的导言”,文字简短,但内涵丰富,尤其是在方法论上。普遍认为,《导言》在马克思经济学体系中的地位可以与《资本论》相媲美。马克思正是借助于《导言》和《政治经济学批判(1857—1858年手稿)》,才完成了《资本论》的创作。《导言》非常详细地阐述了政治经济学的对象和方法,深刻揭示了社会生产过程的内在联系和客观关系,对于今天构建中国特色社会主义政治经济学仍有重要的方法论启示。

①《习近平谈治国理政》第3卷,外文出版社2020年版,第519页。

本书作为导读，在编写过程中，参考引用了许多专家关于《导言》的介绍与观点，在此表示感谢。但书中的错误与不足，是我的责任，请各位专家、读者批评指正。

韩喜平

2021年12月